湖北省博物館

展览主办	湖北省博物馆　香港中文大学文物馆

湖北省博物馆

展览委员会主任	张晓云
展览委员会副主任	王先福　何　广　李　奇　史　萍
展览策划	曾　攀
项目负责	余珮瑶　程　陶
内容设计	余珮瑶
形式设计	朱雪薇
展览协调	黄翀宇　余文扬　张　翔　伍　莹　姚　嫄　要二峰　张　明 汤文韵　杨　辰　王圆圆　魏　冕　张　晗　郝梦妮

香港中文大学文物馆

馆长	姚进庄

图录主编	张晓云　姚进庄
图录编委	王先福　何　广　李　奇　史　萍
执行主编	曾　攀　余珮瑶
撰稿	周颖菁
图录协调	陈娟安　黎佩怡　吴南鸿　蔡宛萤
摄影	邓明亮
编校	汤文韵

浮金流燦

香港中文大学文物馆藏广珐琅

SPLENDID LIGHT ON COPPER

Canton Enamels Collection from Art Museum of The Chinese University of Hong Kong

湖北省博物馆　编

文物出版社
Cultural Relics Press

图书在版编目（CIP）数据

浮金流燦：香港中文大学文物馆藏广珐琅 / 湖
北省博物馆编. -- 北京：文物出版社，2024. 8.
ISBN 978-7-5010-8477-7

Ⅰ. K876.32

中国国家版本馆CIP数据核字第2024P0H794号

浮金流燦——香港中文大学文物馆藏广珐琅

编　　者　湖北省博物馆

责任编辑　王　伟

责任印制　张道奇

出版发行　文物出版社

社　　址　北京市东城区东直门内北小街2号楼

邮　　编　100007

网　　址　http://www.wenwu.com

经　　销　新华书店

制版印刷　天津裕同印刷有限公司

开　　本　889mm×1194mm　1/16

印　　张　10.25

版　　次　2024年8月第1版

印　　次　2024年8月第1次印刷

书　　号　ISBN 978-7-5010-8477-7

定　　价　368.00元

目 录
CONTENTS

致 辞
FOREWORD

珐琅，又称"佛郎""法蓝""琺瑯"，为外来语的音译词。珐琅的基本成分为石英、长石、硼砂和氟化物，与陶瓷釉、琉璃、玻璃同属硅酸盐类物质。中国古代习惯将附着在陶瓷胎表面的称"釉"，附着在建筑瓦件上的称"琉璃"，附着在金属表面上的则称为"珐琅"。依据制作工艺的不同，金属胎珐琅可分为掐丝珐琅、錾胎珐琅、画珐琅和透明珐琅等品类。作为西来之艺的珐琅是由陆路和海路传入中国发展而来，最为人熟知的品类是掐丝珐琅，又称"景泰蓝"，此外影响较大的就是铜胎画珐琅，在其启发下产生了瓷胎、紫砂胎、玻璃胎画珐琅。珐琅以其绚丽的色彩和精湛的技艺，成为深受人们喜爱的工艺品。

广珐琅即广州制作的珐琅器之简称，现泛指广东制造的金属胎珐琅，以铜胎画珐琅为主。广珐琅作为开海之后传入中国的西洋技艺，创造性地与中国传统瓷器技术相结合而发展出瓷胎、紫砂胎画珐琅，见证了宫廷、广州、景德镇三地之间人员、技术、原料、艺术风格方面的交流和互动，还促进了广东最富盛名的岭南工艺名品——广彩的产生及在海外的流行。因广珐琅雅俗共赏的造型、图案和色彩，有清一代行销海内外市场，成为来自东方国度的迷人珍奇，引发持续的"中国风"热潮，在异国他乡赢得惊叹，欧洲人以"华彩"呼之，在中西文化交流史上占有重要地位。

从西方传入东方，从宫廷走向民间，从广州销往世界，中国古代珐琅工匠保持海纳百川、兼收并蓄的态度，制作出中西兼备的广珐琅作品。广珐琅近二百年的发展历程俨然是一部中西文化交流与融合的史诗。在新时代背景下，我们期待汲取前人智慧，保持兼容并蓄的胸怀，推进文明之间更加深入的交流与互鉴。

为传承弘扬中华优秀传统文化，促进祖国内地与香港地区博物馆之间的交流合作，我馆联合天津博物馆、世博会博物馆两馆举办此次香港中文大学文物馆藏广珐琅的内地巡展，我馆为本次内地巡展的压轴站，展出香港中文大学文物馆藏的广珐琅珍品一百余件套，旨在呈现广珐琅近二百年的发展历程、工艺面貌以及中西方文化之间的交流，使观众充分领略广珐琅绚丽璀璨之美及其融汇中西的恒久魅力。展览筹备期间，香港中文大学文物馆和前期巡展单位给予本馆大量的支持和帮助，在此一并向所有关心帮助此次展览、为展览辛勤付出的同仁和社会各界人士表示衷心的感谢！

祝展览取得圆满成功！

湖北省博物馆党委书记、馆长　张晓云

《牛津英语词典》将"珐琅"定义为："半透明或不透明的玻璃质化合物，熔融于金属表面，呈现各种色彩以装饰器表，或形成一层可用于彩绘的表层。"作为17世纪晚期自欧洲通过广东传入中国的一种先进工艺及艺术形式，康熙帝和其后的历代皇帝为之着迷，敕令清宫造办处烧造珐琅，发展珐琅工艺，并将中国或欧洲的珐琅工艺运用到金属胎、瓷胎和玻璃胎上。与此同时，来自广东的工匠亦被举荐进入造办处。中国画珐琅工艺并非全盘照搬欧洲，因地制宜的调适造就了一种全新的艺术形式，并促进了北京、广东及其他地区工匠间的艺术交流。新问题因此接踵而至，诸如画珐琅的装饰题材、珐琅彩瓷器与金属胎画珐琅的关系、市场分层、京造画珐琅与广珐琅间的差异、画珐琅断代及乾隆时期复刻"康熙"和"雍正"款珐琅器等等。直至晚近，不同胎体的珐琅器仍被视作奢侈品或装饰品。今次展览以独特的珐琅工艺传统为焦点，超越基于材质如瓷器的研究范式。

展览和图录虽仅聚焦清代广东珐琅专题，实则隐含区域艺术形式这一更为广泛的研究议题。由于传统或地域成见，广珐琅之质量常被认为不及北京清宫造办处出品，粗糙且地方气。今次展览冀能突破固有观念，重塑广东作为朝廷对外贸易的前哨和域外国家进入清代中国的门户这一双重角色。来自皇室的赞助、域外资源的加持、不同才艺匠人间自由的技术交流和借鉴、对来自异域装饰主题的创造性运用，刺激乃至造就了广珐琅的千万面向，令清朝皇帝、广东买家和外国商贾为之着迷。香港中文大学文物馆很荣幸也很自豪能够在湖北省博物馆全面呈现广珐琅的艺术风貌，进一步推动全球对该领域的研究。感谢张晓云馆长与湖北团队的支持。

本项目得以面世离不开同仁的努力。自2016年广珐琅研究启动以来，港中大文物馆许晓东副馆长对该课题进行深入研究，成为展览的坚实基础。许馆长还邀请了一众学者对广珐琅进行多方面探究，推动相关馆藏的增长。在她的努力下，本项目在2022年从10678个候选项目中脱颖而出，成为少数荣获国家艺术基金资助的推广项目之一。有了国家艺术基金的支持，许教授出版了《总相宜：清代广东金属胎画珐琅》论文集及《总相宜：清代广东金属胎画珐琅》图录，并策划该展览在香港中文大学文物馆和国内重要博物馆展出，进一步加强各地市民对广珐琅的兴趣与认识。可泣许馆长于本年初离世，为学术界一重大损失。本馆深切哀悼之余，将积极推广珐琅工艺研究，弘扬许馆长的遗志。

香港中文大学文物馆馆长　姚进庄

专文
ESSAY

从欧洲到中国、再从广东到世界：广珐琅的西洋图像

香港中文大学文物馆　周颖菁

铜胎画珐琅是于17世纪后期从欧洲传入中国的工艺技术和舶来品，中国为其鲜丽的色彩和细致的绘画效果所惊艳和倾倒，故在戮力学习短短二三十载后，已能烧制出质量卓越的画珐琅，并反过来外销世界各地。彼时广东和北京宫廷是中国金属胎画珐琅的两大制作重镇，后者肇因于康熙皇帝（1661～1722年在位）对欧洲画珐琅的热爱，在宫廷建立珐琅作坊来全力研发此新兴艺术，[1] 其后的雍正（1723～1735年在位）和乾隆皇帝（1736～1795年在位）承接其父、祖对画珐琅的热情，进一步开发各种技术和纹样，[2] 使清宫画珐琅成为该艺术门类中的精品。广东则是基于得天独厚的地缘和政策环境，作为清代西洋人和商船来华的主要入口，[3] 得以直接且首先接触到画珐琅技艺和作品，在商业市场的驱动力下发展出不逊于清宫的画珐琅器，其中画珐琅发源地的欧洲反成为广东金属胎画珐琅（广珐琅）在18世纪时最大的外销市场。顾及西方客户的需求，加以广州为当时中国与欧洲往来的首要交通枢纽，容易取得多类西洋图像，它们自然成为广珐琅上的主要纹饰之一，并在其中展现广东画珐琅人面对外来文化的灵活应变，开发出对应于当时欧洲"中国风"（Chinoiserie）的中国"西洋风"（Occidenterie），使之成为广珐琅的特点。

一、西洋图像在广珐琅的变奏

广珐琅上的西洋图像以西洋人物图为主流，或因人物是最容易表现异国风情特征的对象，故中国的画珐琅人多选择以他们作为代表西洋元素之装饰。这些西洋人物图像除了深受海外市场欢迎外，其异国情调亦为中国富裕阶层所青睐，如《红楼梦》第五十二回写贾宝玉的大丫鬟之一晴雯生病，宝玉便让麝月取来鼻烟以舒缓其头痛、鼻塞的症状："一个金镶双金星玻璃小扁盒儿来，……宝玉便揭翻盒扇，里面有西洋珐琅的黄发赤身女子，两肋又有肉翅，里面盛着些真正'汪恰'洋烟。晴雯只顾看画儿，……"[4] 这里的西洋珐琅可能是欧洲进口的舶来品，也可能是广东所做的西洋款式珐琅，不论为何都显示西洋人物图同为中国市场所喜，[5] 而不应只为外销品服务，其异国风貌引得晴雯目不转睛都忘了吸嗅鼻烟。清宫画珐琅中也有许多西洋人物图像，乾隆皇帝对其尤为喜爱，特别是女性西洋人物，[6] 为乾隆宫廷画珐琅器中西洋纹饰类的大宗（图1）。

[1] 施静菲：《日月光华：清宫画珐琅》，台北：故宫博物院，2012，第7～8页。

[2] 关于清宫画珐琅在康雍乾时期的发展，详情请参施静菲：《日月光华：清宫画珐琅》。

[3] 过往研究多认为广州贸易体制是乾隆皇帝在二十二年（1757年）限制一口通商后才开始，范岱克（Paul A. Van Dyke）从广州各商贸群体间的互动中发现，该贸易机制于18世纪初即已成形。陈国栋认为广州贸易系统其实更早在1684年已现形，该年康熙皇帝设立粤海关，且其与中国行商、西洋商人的交往都已有一定的型态。范岱克著、江滢河等译：《广州贸易：中国沿海的生活与事业（1700～1845）》，北京：社会科学文献出版社，2018；陈国栋：《清代前期的粤海关与十三行》，广州：广东人民出版社，2014。

[4] 曹雪芹：《红楼梦》，第五十二回，上海：世界书局，第326页。

[5] W. L. Hildburgh, 1941, 'Chinese painted enamels with European subjects,' *The Burlington Magazine for Connoisseurs*, vol. 79, no. 462, p. 84.

[6] Joyce Ying-Ching Chou, 2023, 'Chinese imagination? Western figures on Canton enamels of the Qing dynasty (Imagination chinoise ? Les représentations de personnages chinois sur les émaux de Canton sous la dynastie Qing),' *Artefact: Techniques, histoire et sciences humaines*, vol. 18, pp. 55-60.

图1 清乾隆 铜胎内填珐琅西洋人物图瓶，高13.1、腹径8.8厘米。台北，台北故宫博物院。（图版来源：https://antiquities.npm.gov.tw/Utensils-Page.aspx?ItemId=316045）

广珐琅作为商品要吸引包括中国在内的世界各地的客人，其题材和图绘表现自然相对百无禁忌和自由，且既然身为商品也就必然有档次高低和消费群体差异的情况，此即直接反映在广珐琅中西洋人物图像的制作方式和图饰内容。个人按广珐琅中西洋人物图像的绘画风格和表现将之略分为两大类，一是存有欧洲图画稿本并尽量忠实地将之复制于器物图饰中（图2），所以图像作为模板而得以"一图多用"重复出现在不同器物上，且这类图饰常以西洋技法来表现，故整体的西洋风格强烈，可能多为外销所制作。另一类则是广东画珐琅人消化其所认知的西洋人形象后所创造的人物造型，并自行搭配他们所熟悉的中国图式或参照欧洲图式来做构图，这类图绘不论是人物或场景皆以中国绘画的笔法和空间方式来处理，所以呈现出相当中式的西洋人物图像，可谓中国的"西洋风"。这类中国风格浓厚的西洋人物又可大约再分为两种类型，一种亦是以欧洲图像为模板，因此也多是"一图多用"的情况，同一图像可重复使用画在多件器物上（图3），但广东画珐琅人刻意用中国手法来呈现；另一种则为广东画珐琅人以他们所熟悉的中国绘画图式为底，但将人物换成其所创造的西洋人物造型（图4），因为此种图饰是广东画珐琅人所发想，而非如前者参照图稿来复制，所以基本上没有如前两者般出现重复图像的情况。

图2 开光西洋人物图碗托，18世纪中期，高3.2、口径14.6、足径9.4厘米。香港，香港中文大学文物馆。（庄贵仑先生惠赠）

图3　瓷胎画珐琅西洋故事人物图小碟一对，乾隆时期，口径11.6、足径6.8、高2厘米。香港，香港中文大学文物馆。（北山堂基金惠赠）

图3-1　Francesco Bartolozzi after Albani Francesco, *Le Feu* (fire), 1796, 61.1 × 54.5 cm. Wellcome Library, London.

图4　锦地开光西洋人物图盖碗，18世纪上半叶，通高10.3厘米。香港，香港中文大学文物馆。（庄贵仑先生惠赠）

图4-1　锦地开光西洋人物图盖碗，碗盖。

二、世界的潮牌：中国的"西洋风"

1. 广珐琅的商业本质

这类中式"西洋风"的欧洲人物虽然在外貌和服饰上都强调出其特征，但因以中国笔法和人物形式来表现而使其形貌奇特、似中又西，整体效果不论在西洋人或中国人眼中看来都颇为怪诞。故有论者认为这是中国画珐琅人尚未能掌握西洋绘画技法及不谙欧洲人样貌时所绘的"假西洋人"（pseudo Europeans），[7] 所以这类型的西洋人物图像常被因此定年为乾隆时期以前的18世纪早期，[8]归咎于当时中国的画珐琅技术尚未纯熟，才将西洋人描写得这般古怪。且持此论者进一步强调，尽管在图3这对珐琅彩瓷碟的装饰是有欧洲图像为模板之情况下，中国画珐琅人非按原本欧洲稿本画出"合理"的西洋人样貌，而仍呈现如此怪诞的西洋人物，更证明中国画珐琅人始终不善捕捉欧洲人的形貌和不熟悉西洋绘画或画珐琅技法。[9]此说法看似合理、同时为一十分诱人的方便解释，但细想却颇多破绽。首先，绘制这类奇特西洋人物图饰的广珐琅的数量相

[7] Hildburgh, 'Chinese painted enamels with European subjects,' p. 84.

[8] Michael Gillingham, 1978, *Chinese Painted Enamels: An Exhibition Held in the Department of Eastern Art*, Oxford: Ashmolean Museum; The Chinese Porcelain Company, 1993, *Chinese Painted Enamels of the 18th Century*, New York: The Chinese Porcelain Company.

[9] Hildburgh, 'Chinese painted enamels with European subjects,' p. 84.

图5　Large dish and its base, Yongzheng period, 77.5 cm. The Royal Academy of Arts, London.（图像来源：Maria Antónia Pinto de Matos, Ana Moás, and Ching-Fei Shih, 2021, *The RA Collection of Chinese Enamelled Copper. A Collector's Vision (Volume V)*, London: Jorge Welsh Research and Publishing, p. 87~88.）

当多，且制作时期贯穿整个18世纪至19世纪初期，显示它们是有一定人气的流行图案，故若将其归咎于中国画珐琅人不善捕捉欧洲人形貌而产出的拙劣商品，则不甚合理，毕竟须谨记广珐琅是以贩卖为目的而制作的产品，若果是粗陋的图绘，又怎会风行百年且持续大量制作。

2. 广东画珐琅人的出众画技

再者，中国和广东画珐琅人的绘画技艺实际上是相当的好，因为画珐琅的釉彩除了颜色鲜丽外，还可以表现笔墨线条和渲染层次等细致的效果，此特性使绘画或中国书法等讲究笔触的艺术形式得以原样移植到器物表面（图5），[10] 呈现细节丰富的笔法和绘画性强烈的图样。值此，画珐琅人多应是画家出身而具有相当的绘画功底，故于记录清宫各工艺作坊活动的《活计档》中，常可见当珐琅人作闲暇时，画珐琅人经常被调派至协助宫廷绘画的制作，如乾隆十三年（1748年）四月的《记事录》载："初六日，催总邓八格来说，太监胡世杰传旨，珐琅处画珐琅南匠九名现今无差，著邓八格拨几名帮金昆画木兰图、蚕坛图，钦此。"[11] 这些"画珐琅南匠"许多是来自广东，且乾隆六年（1741年）后宫廷的画珐琅人多征召自广东，[12] 可证广东画珐琅人的画技高超，备具能力参与宫廷绘画之制作。他们甚至可以独立承做绘画的差事，乾隆四十一年（1776年）十二月近年关时，《珐琅作》的档案便有记载画珐琅人被交办绘制年画和岁轴对等年节字画："初二日，副催长吉文来说，太监如意交年画尺寸帖一件、绿绢岁轴对一副。传旨，著交珐琅处画珐琅匠黎明画年画一张、岁轴对一副，钦此。"[13] 根据《活计档》的记录，这位画珐琅匠黎明（生卒年不详）亦来自广东，于乾隆三十八年（1773年）为当时的粤海关监督德魁（生卒年不详）举荐入宫服务，[14] 北京故宫现仍藏有黎明所绘的《仿金廷标孝经图》册等宫廷绘画（图6）。

另有记录显示中国这些在器物上绘图的画匠，在借助画珐琅可以表现细致绘画性的效果前，本身就具能力以中国技法和材料呈现出媲美欧洲画珐琅的精细人物图像。法国耶稣会士殷弘绪（Père Francois Xavier d'Entrecolles,

---

[10] 施静菲，前引书，第107~108页。

[11] 中国第一历史档案馆、香港中文大学文物馆编：《清宫内务府造办处档案总汇》，北京：人民出版社，2005，第16册，第205页。

[12] 范栴绫：《乾隆宫廷画珐琅"母子图"研究》，台湾师范大学艺术史研究所硕士论文，2015，第71~72页。

[13] 《清宫内务府造办处档案总汇》，第39册，第821页。

[14] 乾隆三十八年，十二月，《记事录》："十八日，造办处谨奏，为请旨事前因牙匠李爵禄呈请终养、珐琅匠黄国茂手艺迟慢又兼有疾，俱经奏明令回原籍，著该关另选好手牙匠一名、画珐琅匠一名送京补替可在案。今据粤海关监督德魁选德牙匠杨有庆、画珐琅匠黎明二名前来，奴才等随试看得伊等手艺尚堪应役。"《清宫内务府造办处档案总汇》，第36册，第651页。

图6　黎明，《仿金廷标孝经图》，乾隆时期，27.9×35.6厘米。北京，故宫博物院。

1664～1741年）在1712年（康熙五十一年）9月1日写给巴黎耶稣会中国和远东传道团教务代理奥里神父（Louis-François Orry，1671～1726年）的信中，[15]大加赞美康熙时期釉上彩的仕女图绘："我见过另一些瓷器上逼真地画着汉族和鞑靼女子，有褶襇的衣服、面部气色和线条，一切都得得十分讲究，从远处看简直会把这些作品当作珐琅。"[16]想见中国画匠本已拥有极好的手艺，再有画珐琅这种新材料和技术的加入后，应当产生加乘效应并强化这些画匠的表现能力，所以这些瓷绘画功佳者可直接转为画珐琅人，如雍正三年（1725年）九月的《活计档·记事录》："十三日，员外郎海望启怡亲王，八月内做磁器匠人俱送回江西，惟画磁器人宋三吉情愿在里边效力当差，我等著他在珐琅处画珐琅活计。试手艺甚好，奉王谕，尔等即著宋三吉在珐琅处行走。"[17]

3. 迂回的智慧：兼容并蓄的西洋图像

鉴于广东画珐琅人的优秀画功，他们应有能力处理好西洋人物的型态，加上欧洲画珐琅这种可以表现细致绘画效果之新材料与技术，理应尽可发挥及强化他们表现物象的技巧，为何却将这些西洋人物描绘得在欧洲人眼中滑稽、在中国人眼中应也显得有些怪异的模样？个人认为这是广东画珐琅人所选择的一种创作表现，为了折衷或淡化欧洲图像元素，而刻意使用中国绘画笔法来"改编"西洋画题或人物形貌，藉此跟一些与当时中国风俗和品味不合的欧洲图像内容和主题保持距离，[18]如裸体人物、宗教题材或男女拥抱等异性间亲密的互动。至乾隆中期，天主教在中国已被视为异端邪说，在地方活动的传教士常遭绞决，[19]因此可以想见广东的画珐琅人在处理该类题材或欧洲信仰相关的图像时必须小心，故选择不去复制西洋图样而以中国笔法将之夸张化、形塑滑稽的人物造型，消解敏感、严肃的图像主题和元素，得以制作有市场需求的作品又避开中国审美和社会风俗的禁忌。

以图3的珐琅彩瓷碟为例，从其图像内容来看应是西洋神话故事且有欧洲图稿作为绘图的参照，其如同卡通人物般有趣和奇特的形象是以意大利巴洛克画家阿尔巴尼（Francesco Albani，1578～1660年）的《四元素》（Allegoria dell'elemento，four elements）组图中的《火》（Allegoria dell'elemento del Fuoco，the element of fire）为参照来绘制，该组图的四幅大画在18世纪多次被转作版画广泛流传（图3-1），也来到中国成为外销瓷器上的图饰。其中有不少带双翼的裸体男童，所有男女神祇也都是以裸体形象呈现。然当时中国社会对于裸体的人物形象尚未十分接受，法国耶稣会传教士洪若（Jean de Fontaney，1643～1710年）在刚抵达中国没多久的1687年8月25日于宁波写给耶稣会法国教区代表Antoine Verjus神父（1632～1706年）的信中说："我们带来中华帝国的礼物十分精美，

[15]《耶稣会士中国书简集》将这封信的标题译为《耶稣会传教士殷弘绪神父致耶稣会中国和印度传教会巡阅使奥里神父的信》，但法文原文称奥里神父的身份为procureur des missions de la Chine et des Indes，英文该为Procurator of the Jesuit Mission to China and the Indies，当时Indies并非只只印度，而是包括印度在内的远东地区，且据刘国鹏的考证，procurator一词应称为"教务代理"，故本文将奥里神父的职称改为文中所称的"耶稣会中国和远东传道团教务代理"。刘国鹏：《梵蒂冈原传信部历史档案馆藏1622—1938年间有关中国天主教会文献索引钩沉》，《世界宗教研究》2013年第5期，第100～113页；关于英文译称，请见Howell G. M. Edwards, 2018, Nantgarw and Swansea Porcelains: An Analytical Perspective, Dordrecht: Springer Nature, p. 2.
[16] 杜赫德编、郑德弟译：《耶稣会士中国书简集：中国回忆录Ⅱ》，郑州：大象出版社，2001，第100页。
[17]《清宫内务府造办处档案总汇》，第1册，第678页。
[18] Erika Speel, 2008, Painted Enamels: An Illustrated Survey 1500-1920, Aldershot: Lund Humphries, pp. 98-99.
[19] 虽然嘉庆十六年（1811）才颁布"治罪专条"使天主教正式、明文地被定为邪教，但从雍正时期开始清廷就有各种禁教谕令和相关刑罚。黄巧兰：《清廷查禁天主教期间（1717～1840）传教活动之探究》，台湾师范大学历史研究所硕士论文，2007；陈莉婷：《从容教到禁教：清朝政府对天主教政策的转变（1644～1820）》，台湾师范大学历史研究所硕士论文，2000。

图7　西洋人物图碗，18世纪上半叶，直径12、高8.7厘米。香港，香港中文大学文物馆。（庄贵仑先生惠赠）

但是我们还缺少许多质量尚可的礼物来打点诸多官员，……八、我们的风俗画已经被接受了，但是应该着色。<u>不应带穿着虽体面但穿着很少的妇女的画像</u>，因为人们认为这不是传教士该做的事，而且这些画通常不能被当作礼物。……十、没有裸体的小型图画，特别是小巧精致的艺术品、漂亮的釉彩图像和画作、珐琅器、珊瑚、琥珀工艺品等。"[20] 因为从法国带来中国的礼物不够应付，所以洪若写信回巴黎请求送来更多东西，并一一列明合适的对象，可见其中特别强调不论是何种材质或题材的图像，裸体或裸露过多的人物——尤其是女性人物——都是中国所忌讳。因此中国地方画珐琅人使用中国笔法以将这些西洋裸体人物诙谐化或卡通化，刻意把他们的姿态、形貌描绘得奇异而不接近真实，加之神话题材可能会触动中国禁止西洋宗教的敏感神经，所以即便是有欧洲图稿为底的作品，也常将其背景换成中国场景，使其整体看来如同幻想的画面，避开具体表现对象。因此在描绘宗教物品和题材时，广东画珐琅人便多会夸饰它们来淡化其宗教性质，如这件广珐琅碗上西洋人物手持的十字架即被塑造成造型奇特的棍状物（图7）。

4. 商业模式的流水生产

除了调解欧洲图像中的某些元素外，广东画珐琅人采用中国笔法处理西洋题材和人物的原因可能还基于效率的考虑。广珐琅既然作为商品，自当以利益为优先而追求一定的制作效能，因此采中国画家自己所习用的技法自然较为得心应手，加快描绘的速度而得以制作相对多的数量，故这类中国化的西洋人物图或可能是产能高、供销大众市场的产品。当时中国作坊多是以高度的分工方式来兼顾产量和质量，许多描绘中国各产业生产过程的外销画都可以看到这种型态（图8）。且从景德镇的制瓷工序来看，光是"画胚"的绘瓷阶段就是由一组画工来共同合作，殷弘绪在上述提到的同一封信中，亦详述了他在景德镇所见的瓷器上彩方式："绘画工作是由许多画工在同一工场里分工完成的。一个画工只负责在瓷器边缘涂上人们可看到的第一个彩色的图，另一个画上花卉，第三个上颜色，有的专画山水，有的专画鸟和其他动物。"[21] 可见一个图饰分别由善画山水、花卉、鸟兽、人物等不同匠人来完成，所以在许多介绍中国制瓷过程的外销画中，都可以看到多位画工各司其职的流水线绘制模式（图9）。广珐琅的制作基本上应也大同小异，[22] 所以那些奇特的西洋人物该是商业化生产下的一种创作风格，而非中国画珐琅人无法掌握欧洲人样貌之故。

在这种流水线生产模式下，广东画珐琅人于复制欧洲图稿外，亦于吸收和消化西洋图式和人物型态后，结合本身熟知的中国构图和空间处理方式，自行创作出中国风格更为浓厚的西洋人物图像，其人物同样是以线条表现为主的中国绘画技法描绘，并多置于中国建筑内、庭院和山水等中式场景。在空间的处理方面也采用中国图像所常见的方式。以这件广珐琅西洋人物图碗为例（图7），他们身处于中国山水中，看似连续的图像实为各不相关的一组组人物所组成，各组人物间并无互动，各自形成独立的单元，并以树木、山石等背景分隔彼此，这是中国长卷绘画所惯见的空间安排

---

[20] 这封信由20世纪初来华的法国耶稣会士裴化行（Henri Bernard-Maître，1889~1975年）发表于《震旦学报》，请见Henri Bernard-Maître, 1942, 'Le voyage du père de Fontenay au Siam et à la Chine, 1685-1687, d'après des lettres inédites,' *Bulletin de l' Universite l' Aurore*, ser. Ⅲ, no. 2, p. 239-240；中译文请见吕颖：《法国"国王数学家"与中西文化交流》，天津：南开大学出版社，2019，第349~351页。

[21] 《耶稣会士中国书简集：中国回忆录Ⅱ》，第98页。

[22] 广珐琅的制作情况缺少文字材料，但Erika Speel认为它的制作程序应该同景德镇制瓷工坊一般采专业分工，故可以参考殷弘绪信中所详述的瓷器上彩方式；Speel, *Painted Enamels*, pp. 103-104。

图8　广州画家绘种茶、制茶菩提叶水彩画，19世纪，每叶长17厘米。广州，广东省博物馆。（图像来源：广东省博物馆编，《异趣同辉：广东省博物馆藏清代外销艺术精品集》，广州：岭南美术出版社，2013，第152页）

图9　*Fabrication et commerce de la porcelaine* 瓷器制造及贸易画册 (FOL-OE-104)，18th century. National Library of France, Paris.

手法，尤其习见于人物故事画中。[23] 如前述强调，画珐琅人习以绘画技巧运用于器物表面，需具有绘图训练和功底，娴熟中国绘画的表现和构图方式。故这些图像应不是参照特定图稿所作，而较少有像复制图稿者般同样图像出现在不同器物之情况，图饰多是"仅此一件或一组"而少有重复。这类作品除了外销，就其中国图式风格强烈，应也有一定的中国市场，所以不少像是鼻烟壶、手炉、渣斗等中国器物都有该类型的图饰（图10）。

鉴于此，广珐琅所创作的西洋人物图绘首要特点，即是公式化的人物造型，以中国传统人物画之线条笔法描绘简化后的西洋人物，这样使绘饰者即使未亲眼见过欧洲人，也得以快速地学习和描绘出西洋人物，尤其是欧洲女性几乎无法于当时的中国露面。这类图像中的西洋人物都以高挺的鼻子和深邃的双眼皮来表现其五官立体的特征，男士与女子则各以妆发和衣饰来区辨。西洋男士基本上都是及肩的棕色长卷发，或有头戴黑色三角帽（tricorn），上半身着由白衬衣、长外套和领巾组成的服饰套件，下半身多是及膝的短裤、长筒袜和黑鞋（图4-1）。此造型和服装款式大致符合17世纪中期开始流行至18世纪末的欧洲绅士服饰，[24] 只是广珐琅不时会在腰部覆上一条披巾。至于当时欧洲女性的装扮比男装要来得多样、花俏且复杂，[25] 但广东画珐琅人仍归纳出一些基本的元素，西洋女性人物的头发多向上梳起，身穿领口低垂的荷叶边U形领衬衣、外罩长裙、袖口露出衬衣的褶饰（engageantes），这是流行于18和19世纪欧洲的女装花边袖子，且她们同广珐琅中的男性一般身上多配有披巾（图11）。

这种公式化的西洋人物造型，加上中国绘画性的线条表现，使得它们看起来不仅与实际的欧洲人样貌和妆容相去甚远，也显得滑稽古怪，不少情况甚至看似是中国人装扮成西洋人的角色扮演，这件开光西洋人物委角方碟就是一例（图12）。方碟中圆形开光内绘有一组西洋牧羊女和牧童图，其浓重的线条勾勒、中国人物般的五官、看似中式的女性服饰和中国空间的背景让人乍看下为中国人物，但女子手中的长棍杖、常见于18世纪牧羊女图像的大檐帽（bergère hat）、披散的长卷发、赤足和领口的荷叶边内衬，都指出她欧洲牧羊女的身份。[26] 旁边的绵羊以身上的卷毛和羊蹄来表现其动物

[23] 关于中国人物故事画的空间处理分析，请见陈葆真：《洛神赋图与中国古代故事画》，台北：石头出版股份有限公司，2011。

[24] John Peacock, 1991, *The Chronicle of Western Costume: From the Ancient World to the Late Twentieth Century*, London: Thames and Hudson, pp. 115-152.

[25] Aileen Ribeiro, 1984, *Dressing Eighteenth Century Europe 1715-1789*, New York: Holmes & Meier Publishers, pp. 32-33.

[26] Madeleine Delpiere, 1997, *Dress in France in the Eighteenth Century*, New Haven: Yale University Press, pp. 17-18.

图10　西洋风景人物图渣斗，18世纪后半叶，高8.4、口径7.2、足径4.6
厘米。香港，香港中文大学文物馆。（钟棋伟先生惠赠）

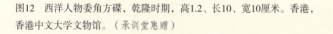

图12　西洋人物委角方碟，乾隆时期，高1.2、长10、宽10厘米。香港，
香港中文大学文物馆。（承训堂惠赠）

图11　开光西洋人物图委角茶壶，18世纪上半叶，高19、宽7.3、底8×7.3
厘米。香港，香港中文大学文物馆。

特征，旁边的小童则是短卷发、身着相对西式的服饰。牧羊女图从16世纪下半叶开始逐渐成为欧洲流行的画题之一，
这种展现田园风雅的牧羊图像亦受到18世纪欧洲画珐琅作品的欢迎，并也同时被中国所青睐，广珐琅中即出现不少
西洋牧歌图，而其中不少如此件方碟般以中国绘画的方式表现这些西洋人物。但该类图饰并非所谓不成熟或技术不佳
的表现，而是广东画珐琅人选择使用中国笔法来描绘西洋人物，且其背景通常都会转换为中国场景，才会呈现如此"混
搭"的效果。如同欧洲绘画技法可以被应用到对中国人物和物象的描绘，其中多以意大利耶稣会士郎世宁（Giuseppe
Castiglione，1688～1766年）为代表（图13），因此反过来出现以中国笔法来表现西洋人物的发展自然也不奇怪。

三、欧洲的西洋风：广珐琅的复制黏贴

至于西洋绘画或画珐琅技法，广东画珐琅人其实也是熟悉并掌握得相当好，故有前述两大类风格中的另一类，即
以欧洲画珐琅技法忠实描绘作为模板的欧洲图像材料，使其呈现出如同欧洲制作的珐琅器。这类作品西洋情境浓厚，
并减少中国绘画性线条的使用，更多以色彩及层次变化描绘表现对象，主要多采用欧洲的点描法（pointillé），其以
细致的小点来处理物象的明暗和表现人物五官及肌理的质感。此技法来自流行于17、18世纪欧洲的袖珍画珐琅肖像，

图13　郎世宁，《画玛瑺斫阵图卷》，乾隆二十四年（1759年），38.4×285.9厘米。台北，台北故宫博物院。（图像来源：https://painting.npm.gov.tw/Painting_Page.aspx?dep=P&PaintingId=3764）

　　这种小肖像画为当时上层社会流行的礼物，代表艺术家为出生于日内瓦的 Jean Petitot (1607 ~ 1691 年)，但他大半生涯服务于法国国王路易十四（Louis XIV，1643 ~ 1715 年在位）的宫廷。[27] 这种袖珍画珐琅片也常被欧洲商人和传教士等带来中国送礼，如前述的法国耶稣会士洪若翰来华时带来不少西洋人物肖像画片，广东画珐琅人或由此学习到此技法，加上欧洲画珐琅技法中似以这种点描法较容易学习和模仿，[28] 故广东画珐琅人可能因此选择它来绘制西洋风格的图饰，可见绘图的广东画珐琅人应有受过一定程度的西画训练。

　　这类图饰的典型作品之一除了图 2 外，还有这两件开光西洋人物图碗和碟（图 14），它们是广珐琅中的上乘佳作，[29]虽然这些图饰所根据的图像来源仍未明朗，但基于它们重复出现在不同的广珐琅器上（图 15），甚至是珐琅彩瓷上（图16），想见有欧洲图稿在广东流传作为图饰的参照。另则，即便它们的图像来源尚不明，从其图像元素已可辨识出主题内容。这两件盖碗的碗身都有三个开光纹饰，绘有同样的三组欧洲神话人物，这些人物的关系紧密，开光外的花果纹饰也完全相同，可见它们可能是属于同系列的器用品。托碟也各有一个开光图饰，内绘图像与碗身其中一个开光纹饰相同，该是这系列的主题纹饰。主纹描绘希腊罗马神话中的大地女神西布莉（Cybele），她是天上众神和地上万物的母亲，所以又被称为"大地之母"或"诸神的母亲"，她能使大地回春、五谷丰登而被认为是大自然的化身，所以英文中的 mother earth 或 mother nature 就是指涉这位女神。[30]这位自然之母居住在山顶，[31]外出时的座驾是由狮子所拉的座车，因此可以看见图饰中这位女神手持缰绳、乘坐在两头雄狮拉的两轮车上，狮子便成为她的标志。[32] 图饰

[27]　Speel, *Painted Enamels*, pp. 45-51.

[28]　Cyril Davenport, 1908, 'Portrait enamels,' *Journal of the Royal Society of Arts*, vol. 56, no. 2891, p. 574.

[29]　有论者认为它是北京而非广东所做，且对象是中国宫廷而非外销欧洲的商品，但未说明其原因。考虑到它上面的图像装饰被多次复制在外销瓷上，将该碗定为广东所做的外销珐琅器较为合理，请见下文论说。

[30]　Lynn Emrich Roller, 1999, *In Search of God the Mother: The Cult of Anatolian Cybele*, Berkeley: University of California Press, pp. 228-232.

[31]　西布莉也是山或山洞的化身，故亦被称为"山的母亲"，她的名字在小亚细亚语中便有山之母的意思。Robert Stephen Paul Beekes, 2009, *Etymological Dictionary of Greek*, Leiden: Brill, p. 794.

[32]　Roller, *In Search of God the Mother*, p. 49.

图14　开光西洋人物图盖碗，18世纪中期，通高14、口径12.6、足径5.9厘米。香港，香港中文大学文物馆。（庄贵仑先生惠赠）

中左方向西布莉屈膝献花冠的人物被认为是冬天的化身，[33] 因她是能让大地每年回归春天、万物复苏的女神，故以冬天向她致敬以表征这位女神和其力量。

　　因为西布莉是象征万物丰饶的大地女神，所以从17世纪开始于欧洲艺术中会不时搭配同样带来大地丰收的另外三位女神，即有三位女性人物的第二个图饰。左边站立拿着一束谷穗的是农业女神席瑞斯（Ceres），她专司谷物和粮食丰收；中间手拿一篮花坐在树下的是花神芙劳拉（Flora），她掌管花朵和青春也同时是春神，在图中席瑞斯似乎正递给她一个花冠；右边斜坐地上、身侧放着一个大海螺的是果树女神波摩纳（Pomona），她职掌果树、花园和果园。[34] 分别代表谷物、花卉、果实的这三位女神常以一组人物出现，[35] 她们与象征丰产和大地之母的西布莉十分相称，所以这两组人物图饰有可能是同系列的组图，欧洲订购者在交稿本给中国制作时就已搭配好。或许是因为这四位女神的形象都是与大自然及其物产相关且契合，此两组图饰还被拼成一个图像画在这件外销瓷盘上（图16），为了将原本的两图放在同一画面，而将背景稍微简化以并排左方的西布莉图和右方的三女神图，除此之外人物造型和构图与这件珐琅碗上的图饰完全相同，显见是从同一稿本复制而来。

[33] Thomas V. Litzenburg and Ann T. Bailey, 2003, *Chinese Export Porcelain in the Reeves Centre Collection at Washington and Lee University*, London: Third Millennium Publishing, p. 189.

[34] Michael Grant and John Hazel, 2002, *Who's Who in Classical Mythology*, London: Routledge, p. 126, p. 301, and p. 440.

[35] 这三位女神的组合可能代表丰足；David Howard and John Ayers, 1978, *China for the West: Chinese Porcelain and Other Decorative Arts for Export Illustrated from the Mottahedeh Collection*, London: Sotheby Parke Bernet, p. 637. 然而China of All Colours一书在解释与这件作品相同的图饰时，却说这三位女神一般不会成组出现，这可能是忽略了一些图像材料的缘故。Jorge Welsh ed., 2015, *China of All Colours: Painted Enamels on Copper*, London: Jorge Welsh Research & Publishing, p. 274.

图15　Two Plaques, ca. 1725–1740, 6.5 cm. Jorge Welsh Works of Art Ltd, London.

图16　Plate with a mythological image of Cybele, ca 1725–49, 22.6 cm. Rijksmuseum, Amsterdam.（图像来源：https://www.rijksmuseum.nl/en/collection/AK-NM-13508）

图17　Covered bowl and saucer, ca. 1750. Peabody Essex Museum, Salem.（图像来源：https://collection.pem.org/portals/collection/#asset/49072）

　　这件珐琅碗的第三个图饰为两位相对交谈的人物，应是果树女神波摩纳和她的情人威尔图努斯（Vertumnus），后者是掌管四季变化和植物生长的罗马神话人物。[36] 波摩纳的外貌清丽动人而追求者众多，但她只专注照顾果树而对众追求者无动于衷，威尔图努斯也是追求者之一，他为了打动这位女神而用他能随意变形的能力，化身为渔夫、士兵、园丁等欲接近波摩纳，但都告失败，最后他变成一老妇终于顺利进入波摩纳的果园与她攀谈，趁机告诫波摩纳若不接受男士求爱将被爱神维纳斯处罚，但仍未能动摇她，最终威尔图努斯只能无奈变回原形，不料其俊美的外貌竟打动了波摩纳而被接纳。[37] 这段有趣的求爱过程十分受到画家的喜爱，于 16 世纪开始成为他们热衷描绘的题材，通常是取威尔图努斯化身老妇在果园与波摩纳交谈这一景来表现这两位神话人物，故而此图饰有可能是以类似的图像为稿。[38]

　　许多公、私立收藏机构都有相同或相似的珐琅碗碟藏品，可见当时以这组画像为稿制作了不少此类型的盖碗，且还有仿金属胎珐琅者的瓷胎器（图 17）。这些作品除了开光的图饰外，周围的纹饰也都相同，为西洋卷草纹搭配可能是银莲花、铁线莲的西洋花卉纹，圈足则是装饰包含葡萄、番石榴、菠萝等各种水果的果实纹（图 14），可见这些纹饰可能也有模板为稿，并指定搭配这组神话人物。这些女神都是植物、花果等自然物产的掌管者，尤其大地女神西布莉更是主宰万物的生产，所以在 16 到 18 世纪的欧洲绘画中，她经常伴随各种蔬果、作物和花卉等元素出现，如 Jan Brueghel

[36] Grant and Hazel, *Who's Who in Classical Mythology*, p. 440.

[37] Roxanne Gentilcore, 1995, 'The landscape of desire: the tale of Pomona and Vertumnus in Ovid's Metamorphoses,' *Phoenix*, vol. 49, no. 2, pp. 110-120.

[38] Welsh, *China of All Colours*, p. 272-275.

the Elder（1568~1625年）的这幅装饰画（图18），中央框架中描绘西布莉接受四季的化身人物的献礼，其框架边饰被各种花卉、蔬果所围绕，形成色彩灿烂、万物欣欣向荣的画面。因此这组与丰饶物产有关的神话人物图像，搭配的纹饰应该也是有所指定，使开光的人物主图与周围纹饰紧密结合。

这类有欧洲图像为模板的画珐琅图饰，若能找到其来源图像，对缺少文献资料的广东和中国地方珐琅器的定年会有莫大帮助，也能从中了解中国画珐琅人如何转译或描绘外来的图式。然而搜寻这些图饰的稿本如同大海捞针，即便对于西洋艺术史的专业人士来说也是如此，因为它们的来源是横跨几世纪的上万张欧洲图像，若再加上中国画师改编后更是添其困难、不易辨识。这些稿本许多是18世纪的欧洲版画家按当时或是16和17世纪的画作翻刻，或是版画家自己的创作，其中当然不乏名家的作品，但更多是不知名的艺术家所作，可见其来源之庞杂。

余论：潮流图饰的广大市场

不论是中国风格或西洋技法的西洋人物图饰都受到西方和国内市场的欣赏，广珐琅基于商业属性而有多样发展，在处理敏感的西洋元素时，广东画珐琅人即有创意地塑造出一种中国风格强烈的西洋人物形象，其古怪且夸张的呈现是他们调和欧洲图像的应对方式。这种经过中国浓缩萃取的"西洋风"人物造型不只是风格，还形成一种模式，所以它们不仅被应用在有欧洲画本为稿的图饰中，广东画珐琅人还进一步将之放进中国图式中。此混搭组合而产生的异国风情不仅对西洋市场具吸引力，也广受中国人的欢迎，可能是广珐琅有心兼顾国内外市场而发展出来，所以在如手炉和鼻烟壶等中国器物上亦常有西洋图饰，且从《红楼梦》中富贵人家深受西洋人物图所吸引来看，它在中国应也有一定的市场。而在广东画珐琅人忠实复制欧洲画本的作品中，更可印证他们很有能力采用欧洲技法描绘西洋图像，完成西洋客户的要求。

综言之，广东画珐琅人的创造力卓越，他们善于吸收各种图像、造型和技法，经其融合并加以活用，并结合自身熟悉的中国绘画图式、元素和手法，创作出不论对海外、国内市场都深具异国风格的图饰。西洋图像可说是广珐琅的图像中最具创意和表现力之处，中国画珐琅人们各以其理解来诠释这些外国人物和活动，藉以吸引着中外市场。

图18　Jan Brueghel the Elder and Hendrik van Balen, *Garland of Fruit surrounding a Depiction of Cybele Receiving Gifts from Personifications of the Four Seasons*, ca. 1620–1622, 69.9 × 106.3 cm. The Mauritshuis, The Hague.（图像来源：https://www.mauritshuis.nl/en/our-collection/artworks/233-garland-of-fruit-surrounding-a-depiction-of-cybele-receiving-gifts-from-personifications-of-the-four-seasons/）

前　言
PREFACE

　　广珐琅之名最早见于清宫档案记载，特指粤海关进贡的广东珐琅，现泛指广东制造的金属胎珐琅，以铜胎画珐琅为主。画珐琅工艺起源于15世纪的西欧，17世纪末康熙开海后，东西方交流日臻兴盛，西洋画珐琅技艺经海路传入中国，广东作为岭南门户，率先与西来之艺互动交流，成为清代金属胎画珐琅的重要制作中心之一。广珐琅融合中西技法和造型图案，形成独特的装饰风格，制作出面向海内外市场的各色画珐琅产品，同时还为清宫造办处提供人员、技术、原料等方面的支持。乾隆时期，清宫经粤海关定期传做广珐琅，并逐渐将画珐琅生产交由广东承办，广珐琅得以在造型、纹饰、功能上发展出更多面貌，远销欧洲、中东、东南亚等海外地区，兼及国内市场，并应目的地不同的审美需求制作出千面万向的作品。

　　本书遴选香港中文大学文物馆藏广珐琅精品，聚焦广珐琅的历史背景、装饰题材、色彩功能、海内外市场，旨在呈现清代广珐琅近二百年的发展历程、工艺特征以及中西方文化的交流，使读者领略广珐琅绚丽璀璨之美。

图 版

PLATES

第一部分

岭南臻品
——广珐琅工艺的引进

广州是海上丝绸之路的发祥地，自古是海外贸易繁盛的
商都，在17、18世纪中外贸易交流中处于前沿核心地位。尤
其是乾隆二十二年（1757年）清廷规定广州"一口通商"
后，广州更成为中外贸易的纽带。广州亦是岭南文化的中
心，在繁华的贸易之下，中西方的文化和工艺也在粤地频繁
地互动与交融。是时广州工匠既会烧制元明时期经陆路传入
中国的掐丝珐琅、錾胎珐琅，又迅速掌握清康熙年间由海路
来华的画珐琅、透明珐琅工艺，尤其擅长多种工艺制成的复
合珐琅。广珐琅融汇中西，技艺精湛，堪称中西方文化技术
交流与融合的臻品。

珐琅的种类

　　根据胎体加工工艺和珐琅釉料处理方式的差异，一般将珐琅分为掐丝珐琅、画珐琅、錾胎珐琅、透明珐琅等类型。珐琅制作的一般工序为设计、制胎、上料、焙烧、磨光、镀金等。不同类型的珐琅在制作过程中还另外有錾刻、锤揲、绘制、攒焊、掐丝等程序。

　　在珐琅工艺中，最早发展出来的是掐丝珐琅和錾胎珐琅，盛行于10至14世纪，见于埃及法老王和美索不达米亚文明的饰品中，或是作为昂贵宝石的替代品，约13世纪从陆路传入中国，并逐渐发展出中国的"景泰蓝"。透明珐琅起源于西欧佛朗德斯地区，盛行于15至18世纪，于17世纪末经海路传入中国。15世纪末，在法国利摩日和意大利威尼斯，又开发出可以将珐琅釉直接在金属平面上彩绘的画珐琅，并于17世纪末经广州传入中国，其与前几种珐琅工艺差异较大，对釉料调配、烧制方式等工序的要求都有所不同。

玻璃胎画珐琅花鸟纹鼻烟壶

Enamelled Glass Snuff Bottle with
Flowers and Birds

18世纪，乾隆
玻璃
高8.2、宽3.6、厚2.2、足径1.6×1.9厘米
香港中文大学文物馆藏
北山堂惠赠

玻璃胎画珐琅由铜胎画珐琅烧制技术发展而来，因玻璃胎与珐琅釉的软化点相近，烧制中对温度的控制更为关键，若温度过高会使玻璃胎体软化变形，反之则珐琅料呈色不佳。此件鼻烟壶底部有"古月轩"款，常出现在玻璃胎画珐琅上，早期传说是专指清宫精制的珐琅彩作品，现多认为非清宫制品。

瓷胎画珐琅花卉纹碗
Enamelled Porcelain Bowl with Floral and Patterns

18世纪下半叶，乾隆
铜
高5、口径11、足径5厘米
香港中文大学文物馆藏
承训堂惠赠

瓷胎画珐琅是在铜胎画珐琅技艺基础上发展而来，在瓷胎面上涂一层薄而
透明的珐琅为底，再于其上加绘珐琅釉料后烧制，于1720年代康熙晚期出
现。此件模仿铜胎画珐琅，内壁施以湖绿色珐琅釉，器物口沿处描金。

掐丝珐琅云龙纹碗（2件）

Cloisonne Enamel Plate with Cloud Dragons

19世纪，同治
铜
高4.4、口径18.3、足径11厘米
香港中文大学文物馆藏
庄贵仑先生惠赠

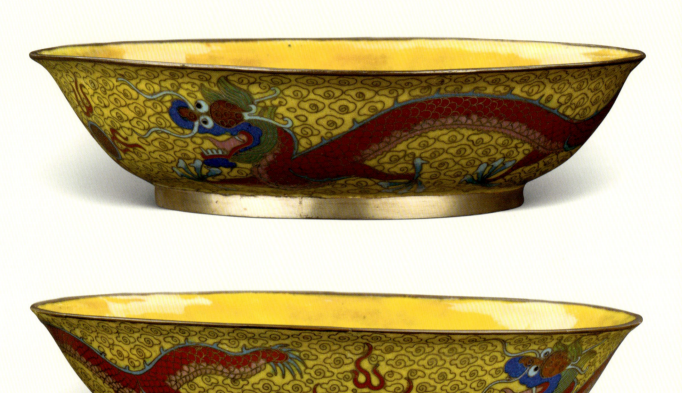

掐丝珐琅是在金属表面焊接铜丝花纹，再填上珐琅釉料烧制而成。掐丝珐琅是珐琅技艺中最早传入中国的，元明时期中国的珐琅工艺来自陆路。我国目前存世最早的珐琅实物为元代掐丝珐琅，元明两代的掐丝珐琅数量不多。"珐琅"当时又称"佛郎""法蓝"，制品多饰蓝色釉料，特别在明代景泰年间（1450～1457年）获得巨大发展，故又称为"景泰蓝"。此件碗内为黄色珐琅地，外壁掐丝饰云龙纹，碗底蓝釉上红彩绘"同治年造"款。

黄色珐琅地上掐丝满饰花卉纹，壶身开
光内饰红彩大朵花卉。壶盖、口沿、壶
口描金装饰。

掐丝珐琅花卉纹壶

Cloisonne Enamel Teapot with Flowers

19世纪
铜
长15.9、宽8、高9.3、口径5.6×6.2、足径4.5×5.3厘米
香港中文大学文物馆藏
庄贵仑先生惠赠

嵌玉掐丝珐琅盒
Cloisonne Enamel Box with Gems

19世纪
铜
长17.7、宽17.7、高8厘米
香港中文大学文物馆藏
庄贵仑先生惠赠

盒盖、盒身以胭脂红色珐琅为地，器表
掐丝饰彩色花瓶、花卉、瓜果，盒顶开
光内嵌"囍"字形玉块，典雅喜庆，应
为婚庆用品。

掐丝珐琅如意云头足花盆

Cloisonne Enamel Flowerpot with Lotuses

20世纪
铜
高5.5、口径12×9.5、足径7×9.5厘米
香港中文大学文物馆藏
庄贵仑先生惠赠

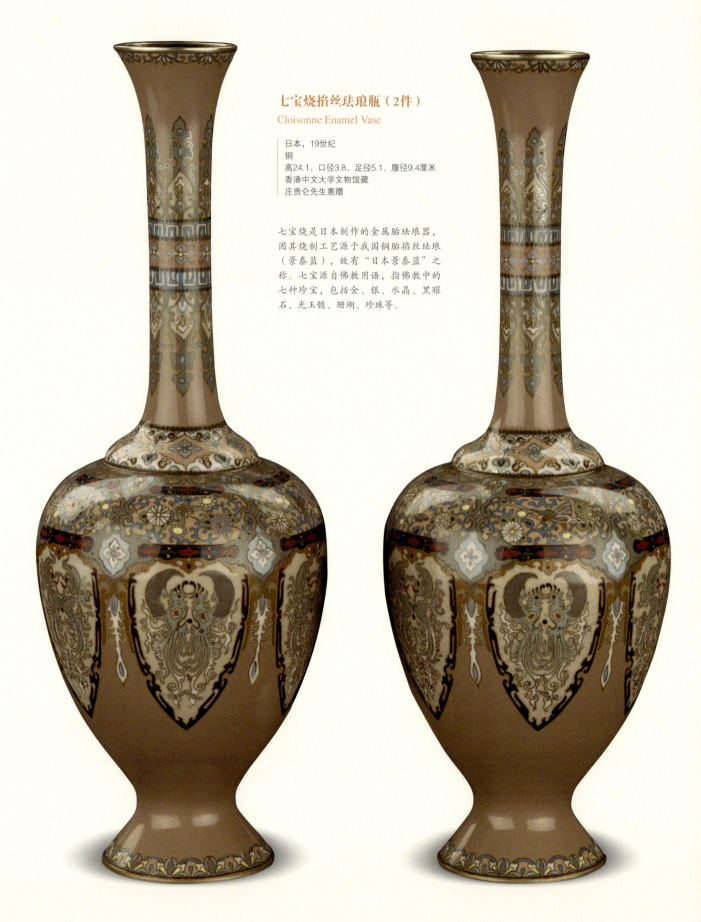

七宝烧掐丝珐琅瓶（2件）
Cloisonne Enamel Vase

日本，19世纪
铜
高24.1、口径3.8、足径5.1、腹径9.4厘米
香港中文大学文物馆藏
庄贵仑先生惠赠

七宝烧是日本制作的金属胎珐琅器，因其烧制工艺源于我国铜胎掐丝珐琅（景泰蓝），故有"日本景泰蓝"之称。七宝源自佛教用语，指佛教中的七种珍宝，包括金、银、水晶、黑曜石、光玉髓、珊瑚、珍珠等。

透明珐琅冰梅纹罐

Basse-taile Enamel Jar with Icecrackled
Plum Patterns

18世纪中晚期，乾隆
铜
高3.7、宽5.9、口径3.7、足径 3.7厘米
香港中文大学文物馆藏
庄贵仑先生惠赠

此罐器型小巧，为文房用具。罐身为绿地描金冰梅纹，肩部饰一圈如意云头纹，足部一圈蕉叶纹。小罐采用广州地区特有的透明珐琅技艺，罐身主体为浮雕波浪纹，肩足及梅花装饰部分为平整画珐琅表面，外覆一层绿色高温透明珐琅釉，烧成后再描金绘冰裂纹，并点染勾勒出梅花图案。结合透明珐琅与画珐琅两种复杂工艺，体现广东工匠的高超技艺。冰梅纹为传统装饰纹样之一，又称"冰裂梅花纹"，是在冰裂纹基础上加绘梅花图案，是明清常见纹饰。

透明珐琅以红、蓝、绿为主色，于17、18世纪的欧洲及印度莫卧儿王朝（1526～1857年）盛行，其特点是先在金属胎体表面錾刻图案，再于其上施透明珐琅，或点缀宝石装饰，色彩艳丽夺目。囿于造办处珐琅作的技术条件，自乾隆二十二年始，小件透明珐琅均交由粤海关往西洋订制，广州亦同时尝试制作透明珐琅。为利于批量化生产，广珐琅匠创新了贴饰金银箔的工艺，即将金、银箔模压成各种形状的单独片饰，再在已錾有阴刻线条的金属胎体上组合出不同图案，再施以或蓝或绿的透明珐琅，透明珐琅层上可再贴饰金箔或描金。18世纪末至19世纪的广州透明珐琅大多属于此类，普遍用于广产的钟表及盆、罐、盖碗等器物上。

透明珐琅嵌宝石手镯（2件）
Basse-taile Enamel Bracelet with Gems

印度，19世纪
铜
直径7.7厘米
香港中文大学文物馆藏
庄贵仑先生惠赠

此件在金属胎体上錾刻折枝花纹样的浅浮雕，再施以透明釉料烧制，镶嵌宝石为饰。手镯精美，颜色艳丽。

蓝地透明珐琅贴银箔方座杯
Basse-taille Enamel Cup with Floral Sprays in
Silver Foil on a Square Seat

18世纪晚期至19世纪早期，乾隆/嘉庆
铜
通高4、口径8、足4.4×4.5厘米
香港中文大学文物馆藏
承训堂惠赠

方座杯造型为西洋风格，器身于深蓝色珐琅地上贴银箔饰缠枝花卉，叶和花脉表面均錾刻细脉，再通体施以透明珐琅。银箔在宝蓝色珐琅地上更为突出，器边鎏金装饰，整体透亮。

透明珐琅贴金银箔杯碟
Basse-taille Enamel Cup and Saucer with Floral Designs in
Gold and Silver Foil

18世纪晚期至19世纪上半叶
铜
通高7.5厘米
杯：高6.8、口径6.9、足径4.1厘米
碟：高2.8、口径13.3、足径8.7厘米
承训堂藏

杯碟在铜制胎体上刻画出鱼鳞纹再贴银箔片，组成对称的四组折枝花卉
纹，再施一层宝蓝透明珐琅，碟心为宝石红透明珐琅，宝石红透明珐琅较
为少见。杯外壁和碟内在宝蓝色透明珐琅上贴饰金箔片，构成琵琶等乐器
和折枝花卉纹。杯内及碟底则施以绿色透明珐琅。杯子造型仿自西洋，透
明珐琅是广州供御特产。

蓝地透明珐琅贴银箔高足杯
Basse-taille Enamel Stem Cup in Silver Foil on a
Blue Background

19世纪上半叶，嘉庆/道光
铜
高16.1、口径10.3、足径9.1厘米
贺祈思藏

高足杯结合透明珐琅与画珐琅的工艺技法，杯体对称装饰两个倭角长方形开光，内绘家庭生活场景。开光外贴银箔图案，再施以蓝色透明珐琅釉。部分花朵以不透明黄色珐琅涂绘点缀。透明珐琅工艺中，金银箔片多为模印制造，图案整齐有序。银箔图案与宝蓝地、开光内的画珐琅色彩对比鲜明。

盒呈十六曲瓜棱形，表面及内里均施蓝色珐琅，并布满金银箔片组成的花卉、叶脉、纹饰带。蓝色珐琅地、金色花叶、透明绿珐琅银叶及红色珐琅花心对比鲜明，色彩华丽。几何形边框内饰花卉并满布器表是19世纪上半叶暹罗皇室金银器上的常见纹样，也是其定制釉上彩瓷的特色纹样之一。此类小盒一般为化妆品盒。

透明珐琅菱形纹盒
Foliate-rimed Basse-taille Enamel Box

19世纪上半叶，嘉庆/道光
铜
高4.3、宽5.8、足径3.5厘米
香港中文大学文物馆藏

银烧蓝带把杯（2件）
Basse-taile Enamel Cup

俄罗斯，20世纪
铜
长10.7、口径7.5、足径4.3、高4.7厘米
香港中文大学文物馆藏
庄贵仑先生惠赠

透明珐琅可分为硬透明珐琅和软透明珐琅。软透明珐琅较为常见，亦称
"银烧蓝""烧蓝"，熔点较低，呈半透明状，主要用于首饰等银制品上
点缀装饰。硬透明珐琅熔点较高，透明度极好，常能透出胎底浅刻的花卉
纹饰，色彩如宝石般晶莹，但因制作难度大已失传。此杯为典型软透明珐
琅作品。

开光庭院人物图珐琅瓶（2件）

Pair of Large Vases with Pictures of Family Life in Framed Panels

19世纪上半叶，嘉庆/道光
铜
高79.5、宽46.5、口径16.5厘米
香港中文大学文物馆藏

此件铜胎大瓶的瓶身锦地上以蓝色透明珐琅为装饰，长颈、腹部、下腹的三个开光内绘中式庭院人物图。铜胎表面錾刻浅浮雕纹饰，于纹饰上贴银箔片，再于其上施蓝色透明珐琅，叶纹部分施绿色透明珐琅后入炉烧固。部分叶脉又在透明珐琅上施金彩再入炉烧制。

透明珐琅分为高温烧造的硬透明珐琅和低温烧熔的软透明珐琅。软透明珐琅多为银胎，又称银胎珐琅，珐琅色呈半透明水晶色泽。硬透明珐琅以铜胎为主，透明度高，因珐琅料需要欧洲进口而被广州垄断制造，乾隆时期是硬透明珐琅的工艺高峰。

画珐琅工艺的引进

随着康熙年间海禁解除，西方画珐琅工艺经欧洲商人、传教士传入中国的广州和北京，广州遂成为中国最早烧造画珐琅的地方之一。最迟至康熙最后十年，广珐琅已烧制成功，根据时任广东巡抚杨琳的奏折可知，康熙五十五年（1716年）广珐琅品质已"颇好"。康熙、雍正时期及乾隆初年，广州珐琅匠屡次被举荐入造办处参与画珐琅制作，说明造办处对于发展画珐琅的殷切，也可见当时广州画珐琅技术不逊色于宫廷。广州工匠入造办处有利于广州与宫廷间的技术和艺术交流，故18世纪上半叶宫廷画珐琅与广珐琅在装饰题材、绘画技法方面存在共通点。

船只

Ships, Oil Painting on Canvas

19世纪
布上油画
纵8、横6.5厘米
香港中文大学文物馆藏
承训堂惠赠

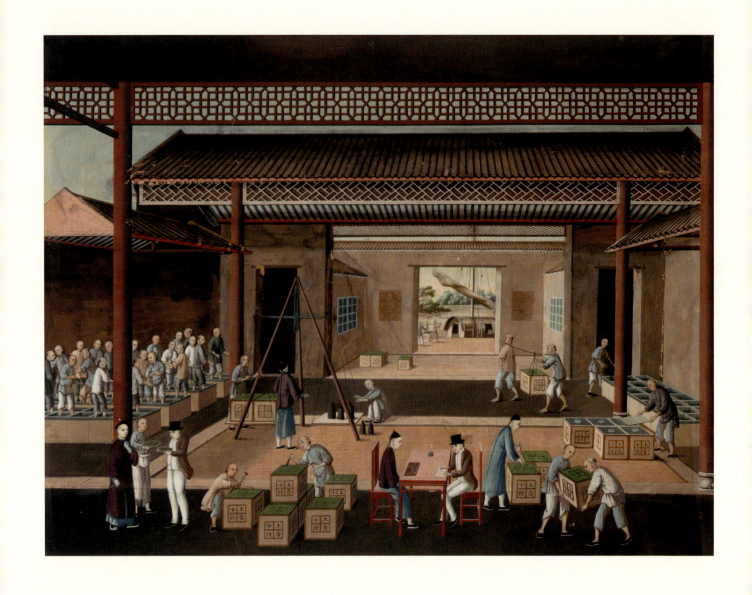

十三行茶叶交易图

Picture of Tea Trade in Guangzhou Thirteen Hongs

19世纪
纸本水彩画
纵37.5、横50.3厘米
香港中文大学文物馆藏
沐文堂惠赠

庭院仕女对弈图

Picture of Ladies Playing Chess in the Chinese Courtyard

19世纪
布上油画
纵51、横64厘米
香港中文大学文物馆藏
沐文堂惠赠

庭院人物图

Picture of Figures and Chinese Courtyard

19世纪
纸本水粉画
纵20、横47厘米
香港中文大学文物馆藏
承训堂惠赠

冰梅纹港口图盒

Box with Port Scene and Ice-crackled Plum Patterns

18世纪末至19世纪初，乾隆/嘉庆
铜
高4.3、口径6.1、足径3.5厘米
怀海堂藏

盒盖中心绘港口风景图，前景一对男女站于岸边送别舢板，男士戴翘檐
礼帽，为中国工艺品中西洋男士的标志性穿戴。盒盖其他部位及盒身饰
冰梅图案，以描金线条勾绘冰裂。盒足饰一周描金矛头纹。人物五官勾
画及用色简略，梅瓣瓣尖饰浓艳红色，具有18世纪末至19世纪上半叶广
珐琅特征。

广彩开光山水花卉纹杯碟

Enamelled Porcelain Cup and Saucer with Flowers in
Framed Panels

19世纪
瓷
杯：高5.3、口径5.8、足径2.7厘米
碟：高2.7、口径11.6、足径6.5厘米
香港中文大学文物馆藏
胡世昌遗赠

瓷胎，金彩锦地开光，内绘山水和花蝶纹。广彩全称"广
州织金彩瓷"，是在瓷胎上彩绘金色花纹图案，后经低温
焙烧而成的瓷器。广彩是我国外销瓷主要品类之一。

广彩开光花鸟人物纹潘趣酒碗

Enamelled Porcelain Punch Bowl with Flowers
and Birds in Framed Panels

乾隆
瓷
连镀金耳宽38.7、耳高31、口直径29.6厘米
香港中文大学文物馆藏
沐文堂惠赠

瓷胎。潘趣碗又称宾治碗，音译自
"punch bowl"，为瓷器的一种形制。
潘趣碗一般体积较大、深腹广口，因其
用于调制和盛放一种用酒、果汁和香料
等调和而成的潘趣酒而得名，是清代广
州专为外销而生产的器型。

第二部分

包罗万象
——广珐琅的风貌

广珐琅装饰题材包罗万有，主题纹样常见有花鸟蝴蝶昆虫、折枝花卉果实、庭院人物、西洋图景等，兼有八方锦地、菱形、锁子甲、卍字、开光等辅助纹样。源自传统缠枝卷草、缠枝莲的红、蓝、黑三色缠枝图案是广珐琅最具辨识度的标志性纹样。大量采用西洋人物为装饰题材是广珐琅有别于宫廷画珐琅及广彩的特色。作为衬托的地杖颜色经历了由白色到彩色的发展历程，早期几乎全为白色珐琅地，受宫廷传做画珐琅的影响而发展出黄色、松绿、宝蓝，胭脂红、湖蓝则为广珐琅的创新色。广珐琅器主要供餐饮日用、陈设装饰、文房妆容等用途，亦有佛教用品。

装饰题材

　　广珐琅最常见的主题纹饰有折枝花鸟、昆虫、果实以及山水、庭院人物、戏曲故事、西洋人物、龙纹等。辅助纹饰及边饰主要有锦地、开光花鸟、动物昆虫，红、蓝、黑或者黑色描金卷草纹是广珐琅最具特色的辅助纹饰。这些图案早在18世纪上半叶已然成熟。受宫廷趣味的影响，18世纪下半叶开始出现仿古纹，如夔龙纹、蕉叶纹、兽面纹等。主题纹饰与辅助纹饰灵活搭配组合，呈现千姿百态的面貌，一直延续至19世纪。相较于康熙、雍正时期宫廷画珐琅的传统纹样，广珐琅更普遍地采用西洋人物为装饰题材。就珐琅绘画技法而言，均兼有中国传统的平涂、皴法、没骨、线描技法和西洋的点画法。

花鸟昆虫

折枝花鸟昆虫题材贯穿广珐琅发展的始终。折枝花鸟、蝴蝶等题材及绘画技法均可参见明代中晚期以来的写生花鸟画，而牡丹、罂粟、虞美人、玉兰、佛手、香橼、桃实、石榴、锦雉等花鸟果实禽类是清代宫廷画珐琅的常见装饰纹样，也见于晚明及康熙年间的青花、五彩瓷器。天牛是广珐琅标志性纹饰，也是19世纪广州植物昆虫类外销画的常见题材，但未见于外销瓷及宫廷画珐琅。

开光花卉纹倭角杯盘

Cup and Saucer with Indented
Corners and Flowers in Framed
Panels

18世纪早期，康熙/雍正
铜
杯：高3.3、口径4.9、足径2.6厘米
碟：高1.3、口径10.5、足径6.1厘米
香港中文大学文物馆藏

杯盘口沿呈方形倭角，杯、盘口沿处绘绿地开光花卉纹一周，开光内绘黑彩描金折枝花纹。杯身四面开光内以蓝彩绘莲花纹，盘底绘花果纹，色泽清新明快，具有鲜明的广珐琅特征。倭角为明清家具的工艺术语，指将直角处改成两斜边，使方形四角变成八角的形制，也常见于盒、盘等器物上。

开光花卉纹杯盘
Cup and Saucer with flowers in Framed Panels

18世纪早期，康熙/雍正
铜
杯：高3.5、口径6.7、足径3.2厘米
碟：高1.8、口径12、足径7.9厘米
香港中文大学文物馆藏

杯上绘一周缠枝花卉纹，盘口沿处绘蓝、红色卷草纹各一周，盘底中心绘
一折枝花蕾。杯盘外壁施胭脂红色珐琅彩，是此时期广珐琅创新研制的色
彩。杯盘色彩层次丰富，花朵明艳动人。

胭脂红背折枝茶花纹倭角杯
Cup with Indented Corners and Floral Sprays

18世纪早期，康熙/雍正
铜
高3.7、口5.4×5.4、足3.1×3.1厘米
香港中文大学文物馆藏
庄贵仑先生惠赠

倭角方形杯。杯内白色珐琅地上绘月季花，杯外壁饰胭脂红珐琅釉，杯底
饰蓝色菊花。颜色纯正明亮，显示此时期对珐琅料的烧制已具备较高水
平。此类倭角杯通常搭配倭角盘，用来饮用茶、咖啡或巧克力。

花鸟纹倭角盘（2件）

Pair of Trays with Indented Corners and Flower and Bird Designs

18世纪上半叶，乾隆
铜
高2.3、口29.9×19.4、足21.3×11.6厘米
香港中文大学文物馆藏
庄贵仑先生惠赠

盘沿为黑彩描金缠枝卷草纹，四边开光内绘白地花果纹。盘心绘花鸟蝴蝶图。盘底中心饰折枝花卉，边沿为蓝彩缠枝卷草纹。缠枝卷草纹是广珐琅最具特征的边饰之一，常为红、蓝、黑三色，黑色上通常描金。缠枝间或点缀莲花、菊花，繁简不一，变化多端。

花蝶昆虫纹水丞
Water Container with Corn Poppies and Insects

18世纪上半叶，雍正
铜
高5.6、宽5.9、口径4.2、底径3厘米
香港中文大学文物馆藏
庄贵仑先生惠赠

水丞又名水盛，是砚台研墨时的注水工具。常见瓷、竹、玉等材质。铜胎画珐琅的水丞多见于清代康熙、雍正年间。此件表面以白色珐琅打底，上绘虞美人、飞蝶、月季、天牛等形象。绘画花瓣的粉色和绘画天牛的蓝色均为清代新炼制成功的珐琅釉色。带白色斑点的天牛是广珐琅独特的装饰题材，流行于18世纪。

锦地开光花蝶纹盘

Plate with Flowers and Butterflies in a Framed Panel on
Brocade Backgrounds

18世纪中期，乾隆
铜
高3.9、口径26.2、足径19.1厘米
香港中文大学文物馆藏
庄贵仑先生惠赠

盘口沿外圈绘黑彩卷草纹，向内一圈为黄地缠枝莲纹，
另有五只胭脂红蝙蝠点缀其中。盘中为锦地纹，内绘菱
花形白地开光，开光内绘折枝花果纹，包括牡丹、桃
花、玉兰、月季、灵芝等，花丛间点缀两对飞舞的蝴
蝶，活泼生动。盘外壁黄地绘花果纹，盘底黄地蓝彩绘
夔龙纹，具有典型的广珐琅特征。

锦地开光花蝶蝙蝠纹盘
Plate with Flowers, Butterflies, and Bats in a Framed
Panel on Brocade Backgrounds

18世纪中期，乾隆
铜
高3.7、口径21.5、足径14.7厘米
香港中文大学文物馆藏
庄贵仑先生惠赠

盘心八方锦地开光内白地绘梨花、玉兰、芙蓉、菊花、
月季、萱草等折枝花卉，蝴蝶和红蝙蝠点缀其中。盘外
壁绘折枝月季、芙蓉、石竹、虞美人，点缀螺、钟、
伞、胜、鱼、印、簪花包袱瓶等。盘底黄地蓝彩绘五蝠
捧团凤纹，五蝠捧寿纹常见于清宫铜胎珐琅，体现广珐
琅模仿清宫纹样效果又有本地创新。

锦地开光花卉飞蝶纹盘

*Plate with Flowers and Butterflies in Framed Panels
on Brocade Backgrounds*

18世纪上半叶，雍正
铜
高 2.9、口径 21.3 厘米
香港中文大学文物馆藏
庄贵仑先生惠赠

盘口沿为淡绿色八方锦纹，其上六个菱花形白地开光内
绘各式花果纹，包括佛手、豆荚、青梅、牵牛花、石
榴、寿桃、兰花等。口沿向内有一圈粉色地四方锦纹。
盘中心为蓝色锁子纹内白地六边菱花开光，开光内绘有
一对彩蝶围绕着牡丹、萱草、菊花、牵牛花等花团翩翩
飞舞。盘外壁施胭脂红釉，盘底绘折枝茶花。佛手、寿
桃、石榴等花果纹有富贵、长寿、多子等吉祥寓意且颇
具生活气息，为广珐琅常见的典型纹样。

花鸟昆虫寿石纹盘（2件）
Pair of Plates with Flowers, Birds, Insects, and Rocks

18世纪下半叶，乾隆
铜
高3.7、口径22、足径15.1厘米
香港中文大学文物馆藏
钟棋伟先生惠赠

盘口沿为一圈黄地缠枝莲纹，中间饰有
五只蝙蝠，寓意"五福"。一盘心为白
地花鸟纹，绘喜鹊、梅花、月季，寓意
"喜上眉梢"。一盘心绘寿石、海棠、
牡丹，寓意"满堂富贵"。盘外壁白色
珐琅釉地上彩绘凤纹、云气纹，盘底绘
山茶花和瓜果。

花鸟纹盘
Plate with Birds and Flowers

18世纪末至19世纪初，乾隆/嘉庆
铜
高4.5、口径41.5、足径24厘米
香港中文大学文物馆藏

通体白色珐琅釉料上彩绘花鸟纹，釉料平整鲜亮，模仿瓷器效果。盘心绘山茶花锦鸡图，一对锦鸡立于枝头，白、粉、红、黄四色茶花围绕在旁。口沿处为一圈缠枝花卉，绘有蜀葵、牡丹、菊花等。盘底中心绘西洋花草藤蔓，外壁为三组折枝花卉，分别为牡丹、月季和蜀葵，间隔绘有天牛、蚂蚱和蝴蝶三只昆虫。锦鸡颜色艳丽、羽毛鲜亮，常与牡丹、山石一起组成吉祥图样，意寓大吉富贵。盘整体色泽明艳，纹饰细腻生动。

开光荷塘鸳鸯图菱花式盆

Foliate-rim Basin with Flowers and Mandarin Ducks
in a Pond in Framed Panels

18世纪下半叶，乾隆
铜
高9.3、口径42.5、足径32.6厘米
香港中文大学文物馆藏

盆为盥洗用具。盆口为菱花瓣式，折沿直臂平底，底有
三球状足。盘内彩绘芙蓉鸳鸯图，两只鸳鸯在池塘内嬉
戏，内壁绘有一圈折枝花卉纹。口沿处一圈黄地缠枝莲
纹，点缀四朵蓝色菊花和四个开光，开光内绘佛手、牡
丹、月季、菊花、海棠等花果图案。盆底以蓝彩绘螭龙
纹，折沿为浅绿色冰裂纹。整体构图疏朗，色彩明快。
鸳鸯戏水图象征夫妻恩爱和谐，是常见的装饰题材。

山水游龙

山水题材的广珐琅早期颇具文人气息，订制者和绘制者都具有较高的艺文修养和社会地位。18世纪中期后程式化的山水纹饰盛行，19世纪的山水人物图盘的人物五官勾勒颇为草率，无目或无睛。相对于宫廷画珐琅，以山水为装饰主题的广珐琅更为多见。龙纹并非广珐琅最常见的题材，传世装饰龙纹的广珐琅大致有墨龙、数条不同色戏珠或追逐的飞龙、正面单独云龙、数条同色云龙等四种形态。墨龙仅见于18世纪早期，数条不同色飞龙与乾隆初年景德镇瓷胎珐琅彩碗的龙纹设计相契合，多流行于18世纪。后两种流行于19世纪。就龙爪而言，三爪至五爪皆可见。

山水图盘（2件）
Pair of Plates with Landscapes

18世纪中期，乾隆
铜
高3.5、口径21.2、足径13.7厘米
香港中文大学文物馆藏
庄贵仑先生惠赠

盘内绘山水图，可见屋舍、拱桥、帆船和行旅，整体设色清新淡雅。盘沿灰地白彩绘首尾相连的五条夔龙，盘外壁上绘一圈蓝灰夔龙纹，盘底为蓝色团螭，署"亦奇"二字。灰蓝夔龙纹颇为少见。

山水图盘（2件）

Pair of Plates with Landscapes

18世纪中期，乾隆
铜
高3.5、口径16.1、足径10.3厘米
怀海堂藏

盘心绘山水之间的院舍、茅屋、帆船、
江中乌篷船内垂钓的渔夫以及岸边路
人，近、中、远景依次展开，层次分
明。盘沿黄地缠枝西番莲纹。盘外壁饰
有蓝色螭龙，盘底为蓝色团螭。此类盘
为批量生产。

玉堂富贵云龙纹碗

Bowl with Flowers and Cloud Dragons

18世纪中期，乾隆
铜
高7.5、口径18.5、足径8厘米
香港中文大学文物馆藏

碗外壁黄色珐琅地上绘饰粉红、蓝、绿三色云龙纹。碗心饰经典牡丹、玉兰和蓝菊等折枝花卉。口沿及圈足处为粉红、蓝色和黑色描金缠藏卷草纹和如意云纹。碗底黄色珐琅地上绘饰团凤花纹。整体胎体厚重，绘画精美，色泽鲜亮。

云龙纹西洋妇孺图高足碗

Stem Bowl with Westerners and Cloud Dragons

18世纪中期，雍正/乾隆早期
铜
高13.3、口径16、足径7.9厘米
香港中文大学文物馆藏
庄贵仑先生惠赠

高足碗造型在广珐琅中较为少见。碗
心绘西洋妇孺图，人物立体，绘有胭
脂红、宝蓝、亮黄等色，发色浓艳。
碗内壁饰有黄、绿相间的四爪双龙穿
行于流云间。外壁及高足施胭脂红，
是早期广珐琅的特征。本件胭脂红颜
色浅淡，胎体轻薄，具有18世纪中期
的特色。

龙纹盘

Plate with a Dragon Design

18世纪末至19世纪初，乾隆/嘉庆
铜
高2、口径15.1、足径9.4厘米
香港中文大学文物馆藏
钟棋伟先生惠赠

盘心绘正面多彩五爪龙及火焰珠，盘沿为西番莲暗八仙
纹。盘外壁为缠枝西番莲纹。盘底篆书"赏心"白文方
章款，为广珐琅常见署款。

戏曲故事

以历史故事、戏曲或小说人物作为艺术品装饰题材在宋元时期已经流行，并伴随着明代版画艺术的出现和普及而蔚然成风，尤以三国、水浒、西厢记、教子、八仙等题材最为多见。歌颂夫妻和睦、渔樵耕读等具有教化意义的题材也颇为常见。此外还有反映富贵人家美好生活的庭院人物及金榜题名、祝寿喜庆等吉祥题材。这些图案作为主题纹饰与广珐琅流行的边饰及花款相组合，既体现广珐琅的特色，又显示其与同时期其他艺术品类在装饰题材上的互通。

八仙图盘
Tray with Eight Immortals

18世纪下半叶，乾隆
铜
高2.3、长30、宽20.4厘米
香港中文大学文物馆藏

盘内绘八仙图，画面从左到右依次是曹国舅拍筋板、韩湘子吹箫、铁拐李鼓掌、汉钟离倚罐休憩、何仙姑手持莲蓬、蓝采和向张果老递杯、吕洞宾在侧搀扶。盘底装饰蓝色蟠螭纹，署楷书"焕琚"款识。八仙题材自宋元以来流行于民间艺术中，明清尤盛，更有八仙过海、八仙拱寿等表现题材。此八仙图中各显神通的神仙们在饮酒奏乐和休憩，画面富有生活气息。

盘内绘八仙过海图，八仙腾云驾雾，从左至右分别为身背笛子草帽的韩湘子、骑驴者张果老、持笏板的曹国舅、持剑背立的吕洞宾、持芭蕉扇的汉钟离、擎荷玉立的何仙姑、挂拐杖的铁拐李和挽花篮的蓝采和。人物表情细腻生动，色彩丰富雅致。八仙过海为八仙主题中最流行的装饰纹样之一。

八仙过海图盘

Plate with Eight Immortals Crossing the Sea

18世纪下半叶，乾隆
铜
高3、口径21.8、足径13.3厘米
香港中文大学文物馆藏
庄贵仑先生惠赠

圖中觀太
極松下問
家童

观太极图盘

Tray with Three Scholars Viewing a Taiji Scroll

18世纪晚期至19世纪早期，乾隆/嘉庆
铜
高3、长26.3、宽19.6厘米
香港中文大学文物馆藏
庄贵仑先生惠赠

盘内绘文人树下观画图景，画中有太极图形。盘右有
"图中观太极，松下问家童"题字，白文"瑚□"方
印。盘底有四足，中心绘梅花图轴，并白文"瑚□"椭
圆印。作为艺术题材的观太极图或始于明朝，由北宋周
敦颐携友人探讨《太极图说》的故事演变而来。图中老
者共观太极图，寓意安享晚年，为传统祝寿题材。

锦地开光花果纹课子图盘

Plate with Educating Children in a Framed Panel on
Brocade Backgrounds

约1730～1750年，雍正至乾隆早期
铜
高3.7、口径33.6、足径20.8厘米
贺祈思藏

盘心白地彩绘课子图，盘沿装饰一圈八方锦纹，间有三
个开光，内绘牡丹、月季、佛手、香橼、桃实等花果。
盘底边施以胭脂红釉，中心饰佛手折枝花。此类庭院妇
孺课子图主要展示富足恬适的日常家庭生活场景，也是
外销珐琅彩瓷上常见的装饰题材。

仙姬送子图镜
Mirror with a Narrative Scene

19世纪下半叶
铜
长23.3、宽16、厚1.8厘米
怀海堂藏

镜为海棠型，正面用以照面，镜周饰梅
花纹。镜背边缘施蓝色珐琅釉，粉色勾
勒的开光内绘仙女怀抱婴儿、脚踏祥
云，下方绘一红衣戴帽男子俯身作揖，
身后一侍从手持旌旗，伞带飘舞。人
物周围饰以绿树、山石等图案。此图所
绘为董永遇仙传说戏曲中的仙姬送子桥
段。仙姬送子等题材表达添丁进口、多
子多福的美好祝愿。此镜选取民间戏曲
故事且工艺水平有限，应是民间流通物
或满足外销市场所制的广珐琅器物。

西洋印象

西洋人物、风景图是广珐琅上常见的纹饰，是广珐琅中最富创意和表现力之处，多见于外销品，但鼻烟壶、渣斗、手炉等当时中国所习用的器类中也不少见，可见欧洲图像的纹样不仅满足海外市场，亦受中国市场青睐。广珐琅上的西洋图像多是来自欧洲版画、画珐琅作品或画稿，它们由西洋商人、传教士和旅行者带来，包含神话故事、宗教内容、人物肖像和欧洲生活场景等多种题材，都成为中国画珐琅上的纹饰来源。广东珐琅匠的创造力卓越，他们吸收西洋图像中的人物形象，结合熟悉的中国绘画图式元素和技法，创作出中国风格强烈的西洋图像，成为广珐琅的装饰特色之一。

开光绶带牡丹图纹章盘

Armorial Plate with Birds and
Peonies in Framed Panels

约1738年
铜
高2.8、口径22.5、足径11.6厘米
香港中文大学文物馆藏
庄贵仑先生惠赠

盘沿绘蓝地双勾卷草纹、如意云头纹，盘心绘绶带鸟、牡丹花和家族纹章，取"富贵白头"的吉祥寓意。最中心为纹章装饰，纹章的盾牌分为四部分，左上、右下为黑色双头鹰，右上、左下为棕色雄狮，盾牌周围饰有一圈蔓草纹，其上饰有白色十字架和黑色绳穗。盘面布局呈几何对称，显示其受西方影响。盘面为意大利枢机主教希尔维奥·瓦伦蒂·冈萨加Silvivo Valenti Gonzaga（1690～1756年）为庆祝被委任为枢机主教而特别定制的纹章广珐琅器。绘有纹章装饰的广珐琅器非常少见，此盘为其中典型器例。

西洋人物图倭角碟

Rectangular Saucer with Indented Corners and
Westerners in a Framed Panel

18世纪，乾隆
铜
高1.2、长10、宽10厘米
香港中文大学文物馆藏
承训堂惠赠

碟呈方形倭角状，碟面圆形开光内绘有一个着中式服
装、手持长棍的西洋样貌女子，与一旁的卷发男童和小
羊构成表现田园风雅的牧羊女图。该题材作为18世纪欧
洲珐琅作品的流行样式，在传入中国的过程中与中国元
素相结合，具有融汇中西的艺术特色。

开光西洋人物倭角杯

Rectangular Cup with Indented Corners and
Westerners in Framed Panels

18世纪早期，康熙 / 雍正
铜
高3.6、宽6、口沿4.7×4.7、底3.5×3.5厘米
香港中文大学文物馆藏
承训堂惠赠

杯为方形倭角状，杯身和杯把造型具有
明显的西式特色，杯身开光内以中式画
法绘制西洋人物。此类大小的杯具通常
用于饮用咖啡。

锦地开光西洋人物图倭角茶壶
Kettle with Indented Corners and Westerners in Framed Panels on Brocade Backgrounds

18世纪早期，康熙/雍正
铜
高19、宽7.3、底8×7.3厘米
香港中文大学文物馆藏

方形壶身，凸盖中式茶壶，绿色锦地开光内绘西洋人物，一面绘圣母圣子，一面绘受洗场景，另两面绘山野郊游的西洋人物。彩料不够均匀纯正，显示早期烧造技术尚未完善。提梁上的海水纹和壶底的团螭卷草纹独具特色。

山水西洋人物图茶壶

Kettle with Westerners in Landscapes

18世纪早期，康熙/雍正
铜
高15、宽9.5、底径7.5厘米
香港中文大学文物馆藏
庄贵仑先生惠赠

圆形壶身，内嵌式壶盖。壶身通体绘西洋人物图，背景
具有中式风格。壶把和壶嘴上的黑彩卷草纹具有典型广
珐琅特征。

锦地开光山水西洋人物图盖碗

Covered Bowl with Westerners and Landscapes in
Framed Panels on Brocade Backgrounds

18世纪早期，康熙/雍正
铜
通高10.3厘米
碗：高6.9、口径12.1、足径5.9厘米
盖：高4.1、口径11.1、足径 4.8厘米
香港中文大学文物馆藏
庄贵仑先生惠赠

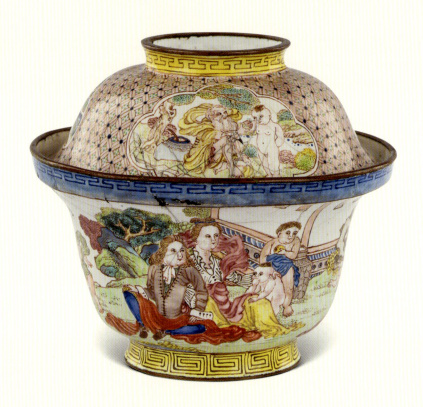

碗盖锦地开光内绘三组西洋人物婴戏
图，碗身通体绘婴戏题材西洋人物故
事，西洋人物游嬉于中式山水场景之
间。盖外底心绘一朵胭脂红折枝花，碗
底绘一只牧羊犬。

西洋人物盖碗

Bowl with Westerners and Landscapes

18世纪初，康熙/雍正
铜
高8.7厘米
香港中文大学文物馆藏
庄贵仑先生惠赠

缺盖。通体绘西洋人物故事，人物表情
生动。碗口沿及碗底施一层红彩，似发
色不完全。

开光山水西洋人物图手炉

Hand Warmer with Westerners and Landscapes in
Framed Panels

18世纪下半叶，乾隆
铜
高14、底14.8×11.6厘米
承训堂藏

炉盖镂空，作散热取暖之用。炉身两侧开光均绘17世纪欧洲港口贸易图，
描绘海岸、西洋人物、橡木桶和帆船等元素，这类题材是欧洲版画和瓷器
上的流行装饰图案，外销的广珐琅器也效仿此类装饰。手炉是冬日驱寒的
暖具，也是文人雅士焚香清赏的香具。

红底渣斗釉色光亮，肩部饰有一圈蕉叶纹。罐身两处开光内绘一对西洋人物与田园风光，是18世纪欧洲流行的绘画题材。渣斗是中国传统上用来盛放废弃食料的器具，唐宋时期饮茶之风盛行时用于置放茶渣，至清代可为漱具。

西洋风景人物图渣斗（2件）

Pair of Slag Buckets with Landscapes and
Westerners in Framed Panels

18世纪晚期，乾隆/嘉庆
铜
高8.4、口径7.2、足径4.6厘米
香港中文大学文物馆藏
钟棋伟先生惠赠

色彩功能

广珐琅早期绝大部分为白色珐琅地杖，自乾隆二十年（1755年）定期传做广珐琅后，受宫廷画珐琅的影响，松石、宝蓝、黄色、绿色等地杖开始频繁多见，尤以宝蓝珐琅地最为普遍。为迎合宫廷实用需求及皇家品味，广珐琅的产品功能得以拓展，纹饰品类逐渐增加，仿青铜、仿掐丝珐琅、仿单色釉瓷和霁蓝描金釉瓷器的画珐琅出现，极大地丰富了广珐琅的面貌。透明珐琅亦在宫廷的推动下，于18世纪70年代后在广州兴起。湖蓝、胭脂红色珐琅地亦属18世纪晚期广珐琅的创新。

广珐琅除了制作杯、盘、碗、碟、火锅等饮食用具外，亦大量制作瓶、罐、壶等陈设器具以及灯具、屏风、壁瓶、钟表等室内装饰品。偶尔亦有洗、水丞、笔掭等文房，带饰、剑鞘、容镜等服饰妆容器具，烟碟、盖盒、攒盒、炕桌等日用具，兼有五供、佛塔、八宝等佛教用品。

福寿图意桃式杯盘

Peach-shaped Cup and Saucer with Bats and
Lingzhi Designs

18世纪晚期至19世纪早期，乾隆/嘉庆
铜
杯碟通高3.2厘米
杯：高2.6、长6、宽5厘米
盘：高1.7、长12.4、宽10.8厘米
怀海堂藏

杯碟呈桃形，上面绘有渐变的果绿色及粉红色，碟内绘林芝、红色蝙蝠，寓意福寿吉祥。整体造型别致，色彩鲜艳。

碧筒杯（2件）

Pair of Cups in the Form of a Lotus Flower

18世纪晚期至19世纪早期，乾隆/嘉庆
铜
高5.2、长13.5、宽8.3厘米
怀海堂藏

杯呈莲花形，花蒂穿孔与花茎联通，系
仿碧筒杯（荷花吸杯）的造型制作。碧
筒杯最早见于唐代段成式的《酉阳杂
俎》，此后被文人尊为最雅酒具。此杯
变荷叶为牡丹花，匠心独具。光绪年间
为纪念清军秋季操练而特制秋操杯，造
型与此件广珐琅碧筒杯类似。

蝴蝶纹盆

Basin with Butterfly Designs

18世纪晚期，乾隆/嘉庆
铜
高11.2、口径41.2、底径13.4厘米
香港中文大学文物馆藏

盆通体施蓝色珐琅料，盘口沿描金贝壳和花带边饰。盘内外绘有各种姿态
的十只飞蝶，以密集的点线表现蝴蝶斑斓的质感，写实逼真，细腻多姿。

盘心绘多种花果，如佛手、香橼、桃实和月季、桃花、莲花等。盘沿绘一周矛尖纹。矛尖纹是外销纹章瓷的一种主要纹饰，随欧洲商人定制瓷器而传入中国，在清代外销瓷上常见。广珐琅在18世纪中期以前较少使用矛尖纹，18世纪末开始流行窄长矛尖。

花蝶瓜果纹盘（2件）

Pair of Plates with Flower, Butterfly, and Fruit Designs

18世纪晚期至19世纪早期，乾隆/嘉庆
铜
各：高2.6、口径19、足径13.3厘米
香港中文大学文物馆藏
钟棋伟先生惠赠

花果飞蝶纹荷叶式盘

Plate with Flowers, Fruit and Butterfly Designs in
the Shape of a Lotus Leaf

18世纪晚期至19世纪早期，乾隆/嘉庆
铜
高4.1、口径26.5、足径18.2厘米
香港中文大学文物馆藏
钟棋伟先生惠赠

盘为荷叶型，盘内双勾线内填黄彩作为叶脉，荷叶
上绘有飞蝶、折枝花卉、桃实和石榴等花果。相较
于白色、宝蓝和黄色，绿地珐琅器并不多见。象生
型广珐琅较为罕见。

西番莲纹碟

Saucer with Flowers

18世纪下半叶，乾隆
铜
口径4.8、足径9.2、高2厘米
香港中文大学文物馆藏
庄贵仑先生惠赠

蓝色珐琅地上满绘彩色西番莲纹。此类
宝蓝色地上彩绘的风格是18世纪中晚期
开始出现，至19世纪仍然流行，并成为
19世纪广珐琅最重要的品类之一。

蝙蝠西番莲纹碗

Bowl with Bats and Interlocking Lotus
Spray Designs

18世纪末至19世纪初，乾隆/嘉庆
铜
高7.5、口径17.6、足径9厘米
香港中文大学文物馆藏
庄贵仑先生惠赠

碗外壁明黄珐琅地上绘蝙蝠和红、蓝、
绿三色西番莲纹。碗内壁施满松石绿珐
琅釉，是宫廷画珐琅常用的内壁色。此
碗造型和花卉图案具有西洋特征。

花卉纹如意云足盖碗

Covered Bowl with Gourd and Flowers

19世纪上半叶，嘉庆
铜
通高：10.5厘米
盖：高4.6、口径15.1、足径5厘米
碗：高6.8、口径16.2、底长8厘米
香港中文大学文物馆藏

碗和盖以黄色珐琅为地，上绘红、蓝两色花卉，葫
芦以卷曲的藤蔓连接。器足以粉色珐琅为地，饰同
一主题纹饰。

双耳寿字杯（2件）

Pair of Two-handled Cups with Characters
for Longevity

19世纪上半叶
铜
高4.8、宽8.7、口径6.6、足径2.8厘米
香港中文大学文物馆藏
庄贵仑先生惠赠

松绿色地上饰有蓝珐琅"寿"字，间绘缠枝花卉。近口沿饰简化蟠纹，圈
足处如意云头纹一圈，纹饰均描金。鎏金蟠龙形双耳，此类仿古造型在画
珐琅中少见，或模仿明清时期流行的玉杯盘。

杯身蓝地白彩绘折枝花卉。上下口沿处各饰如意云头纹一圈。

折枝花卉纹杯（3件）
Cups with Floral Sprays

18世纪晚期至19世纪上半叶
铜
高4.2、口径5.8、足径2.7厘米
香港中文大学文物馆藏
庄贵仑先生惠赠

花蝶纹攒盒

Sweetmeat Set with Flower and Butterfly Designs

19世纪下半叶
铜
木盒：31×31×10.6厘米
中心圆盘：高1.5、口径13.8、底径12.2厘米
香港中文大学文物馆藏
梦蝶轩惠赠

攒盒整体呈八瓣花形，绿色珐琅地上绘花果蝴蝶纹。盘沿粉色地上饰黑色
缠枝卷草纹，色彩浓艳。外漆盒上描金绘饰莲池鸳鸯图。此类攒盒为19世
纪较为常见的器型，适合年节盛放果脯等小食品。

花卉蝴蝶寿石纹攒盘

Sweetmeat Set with Flower, Butterfly, and Scholars'
Rock Designs

18世纪下半叶，乾隆
铜
高2、直径21.5厘米
怀海堂藏

攒盘由四件扇形小盘组成，可组合成一个圆形大盘。每件小盘花
口平底，内壁绿釉黑彩描金卷草纹，外壁为冰裂纹。盘心以粉色
勾勒绘蓝色寿石、石竹花和牡丹花。盘底绘粉色写意兰花。攒盘
为盛放食物的器具，在中西文化中均有使用。食盒在我国古代多
为漆器，称为"槭"。攒盘出现于明代中后期，到康熙时期得到
发展并一直延续至民国，实用性与观赏性兼备。

折枝花八宝纹攒盘

Sweetmeat Set with Floral Sprays and Eight
Buddhist Emblems

18世纪晚期至19世纪早期，乾隆/嘉庆
铜
高2.2、长32、宽32.2厘米
怀海堂藏

攒盘整体呈方形，以几何图形分割为九个小盘，攒盘内通施宝蓝珐琅地，上饰西番莲等花卉纹，中间点缀寿字、蝙蝠以及八宝纹。八宝分别为法轮、法螺、宝伞、白盖、莲花、宝罐、金鱼、盘肠，八宝为佛前供器，八宝寓意吉祥，是我国传统工艺中的常见纹饰。

火锅器身四立面开光内绘山水图,有房舍、渔船、小桥和渔夫、老者、童子、农夫,展现日常生产生活场景。开光外绘卍字锦纹。上下分别为夔凤、西番莲间饰蝙蝠纹。器盖中心黑地如意云头纹外的八曲开光内绘有八吉祥以及如意、团扇、蝙蝠等纹饰。广珐琅火锅在故宫博物院和英国维多利亚与艾尔伯特博物馆均有收藏,推测主要供应国内市场。

锦地开光山水图火锅

Hot Pot with Landscapes in Framed Panels on
Brocade Backgrounds

18世纪下半叶至19世纪早期,乾隆/嘉庆
铜
高17.7、长25.4厘米
香港中文大学文物馆藏
庄贵仑先生惠赠

花果蕉叶纹渣斗
Slag Bucket with Flower, Fruit, and
Banana Leaf Designs

19世纪上半叶
铜
高10.2、口径8.7、足径4.7厘米
香港中文大学文物馆藏
钟棋伟先生惠赠

漱具，分为上下两部分。宝蓝色珐琅地
上绘花果纹。器顶部绘有蕉叶、梅花、
香橼。肩部饰有如意云头纹一周。此类
宝蓝地花果纹广珐琅自18世纪中晚期开
始出现，至19世纪仍然盛行，成为此时
期广珐琅的重要品类之一。

缠枝花果纹觚（2件）

Pair of Beaker Vases with Interlocking Flower and
Fruit Designs

18世纪晚期至19世纪早期，乾隆/嘉庆
铜
高35.1～35.3、口径13.9～14、足径14.5～15.1厘米
香港中文大学文物馆藏
钟棋伟先生惠赠

宝蓝色珐琅为地杖，仿青铜器造型。在清代多为陈设用品，尤其用于祭
祀场合，二觚常与二烛台、一香炉组成五供。器身绘有花卉纹样和仿古
蕉叶纹。

花果昆虫八宝纹象耳尊

Elephant-handled *Zun* Vase with Flowers, Fruits,
Inserts, and Eight Buddhist Emblems

18世纪末至19世纪上半叶
铜
高37.5、宽22.4、厚18.4厘米
口沿13.5×9.3、足14×10厘米
怀海堂藏

象耳尊为仿青铜器造型，耳为象鼻形。器身在宝蓝珐琅地上满绘牡丹、梅
花、玉兰、灵芝、桃实、石榴、飞蝶、蝙蝠等花果、昆虫、八宝图案，间
饰仿古蕉叶纹。为陈设用品或祭祀供器。清雍正时期已能制作器型硕大的
陈设器用，乾隆时期下旨粤海关传做或呈贡大型珐琅器，应为例赏之用。

开光庭院人物图瓶（2件）

Pair of Vases with Figures in Courtyard in Framed Panels

19世纪上半叶
铜
高40、口径15.9、足径13.8厘米
香港中文大学文物馆藏
钟棋伟先生惠赠

黄色珐琅地上满绘缠枝花纹，瓶身大量使用胭脂红色。器物颈部与腹部皆有开光，内绘庭院人物图，为一般生活场景或戏曲场景，无特定故事情节，俗称"满大人"题材，该题材亦流行于同时期的广彩作品中。

花卉八宝纹冠架（2件）
Hat Stand with Flowers and
Eight Buddhist Emblems

19世纪上半叶
铜
各：高34.5、直径11.2厘米
香港中文大学文物馆藏
钟棋伟先生惠赠

浅黄色珐琅地上绘莲花、牡丹、萱草及桃实、佛手、石榴、豆荚等，点缀八宝。器身上下四曲有海棠型镂空开光。冠架上沿饰粉色如意云头纹一周，下沿饰蕉叶纹一周。内壁施粉色珐琅釉。冠架是清代流行的日常用具，也称帽架，用于放置顶戴花翎，在清初多用球形冠架，直筒型冠架始于清嘉庆年间，清晚期逐渐演变成类似花瓶的陈设器，兼具实用和观赏功能。

开光花卉纹容镜

Mirror with Floral Designs in Framed Panels

18世纪中期，乾隆
铜
厚1.2、直径17厘米
承训堂藏

容镜背面于宝蓝色地上满绘缠枝花卉纹，其间装饰三个
开光，开光内白地上绘菊花飞蝶、蜀葵和水仙。清宫造
办处档案中有乾隆年间以圆形、方形等各式珐琅片配做
容镜的记载，应都相对小巧便携。

清供图碟（2件）

Saucer with a Picture of pure Offerings

18世纪下半叶，乾隆
铜
高1.6、口径9.5、足径8.5厘米
香港中文大学文物馆藏
庄贵仑先生惠赠

盘为方形倭角，以黑彩描金绘制"炉瓶三事"清供图。"炉瓶三事"是古代香案上常见的香具，即香炉、香盒和箸瓶。常与茶具、花器和文房古玩组合，体现古代文人雅士的审美意趣。

清供图匙（2件）

Pair of Spoons with a Picture of Pure Offerings

18世纪晚期
铜
长10.5、宽4.3、高5.5厘米
香港中文大学文物馆藏
庄贵仑先生惠赠

汤匙造型，匙外壁菱花形开光内绘"炉瓶三事"清供图。器型独特，造型精致。

开光花鸟图壁瓶

Wall Vase with Flower and Bird Design in a Framed Panel

18世纪末至19世纪初，乾隆/嘉庆
铜
高21.7、宽9.8、厚3.9厘米
怀海堂藏

壁瓶通体黄色珐琅釉上饰缠枝花卉纹，瓶腹开光内饰双雀梅花。瓶颈飘带及开光下的贝壳图案显示其受欧洲纹饰影响。背有长方孔用于悬挂装饰，也称为挂瓶。菱花壁瓶最早见于明万历时期，清代乾隆对壁瓶青眼有加，出游亦挂于轿中，因此也称轿瓶。

开光花卉蝙蝠纹海棠式花盆

Quatrefoil-shaped Flowerpot with Flower and
Bat Designs in Framed Panels

18世纪晚期至19世纪上半叶
铜
高11.4厘米
香港中文大学文物馆藏

盆身蓝地白彩绘缠枝花卉，花盆四面各绘两个上下相对展翅蝙蝠构成的开
光，开光内饰花卉和赏石。花盆近口沿及圈足处为描金T形纹，盆腹下方
饰仰莲瓣一周。

蕉叶缠枝莲纹觚

Beaker Vase with Interlocking Lotus Sprays and Banana Leaf Panel Designs

18世纪晚期
铜
高8.7、口径4.2×4.2、足径3.6×3.6厘米
香港中文大学文物馆藏

松石珐琅地上满绘缠枝莲纹和蕉叶纹，
口沿处描金装饰。

嵌西洋人物画珐琅片铜鎏金带饰（2件）

Gilt Copper Belt Ornaments in Basse-taille and Painted Enamel in Westerners

18世纪下半叶，乾隆
铜
高7、宽4.2厘米
香港中文大学文物馆藏
庄贵仑先生惠赠

整体为铜鎏金带饰，表面镶嵌画珐琅
片，上绘西洋人物图。此类带饰是蹀躞
带的孑遗，清代服饰虽不再流行带鞓，
但仍流行在腰带上装饰带头、带牌，牌
下之环可佩挂随身所用的手巾、小鞘
刀、香囊、扳指袋等小物品。装饰之外
兼具实用功能。

107

折枝桃花纹洗（2件）
Pair of Brush Washers with Floral Sprays

18世纪晚期，乾隆
铜
高3.6、口沿11.3×6、底8.3×3.5厘米
香港中文大学文物馆藏
庄贵仑先生惠赠

器表施松石绿色珐琅釉，外壁绘折枝桃花，内绘折枝牡丹花。口沿处作三只勾连的红蝙蝠，具有吉祥寓意。胎体厚重，线条流畅，渐变色清新淡雅。口沿蝙蝠设计颇具匠心，或受宫廷官样影响。

西番莲纹鸟食罐

Birdseed Jar with Interlocking Lotus Spray Designs

18世纪晚期，乾隆
铜
长7、高4.5、厚3.7厘米
香港中文大学文物馆藏
庄贵仑先生惠赠

鸟食罐是盛放鸟食的小罐。罐体蓝色珐琅釉上绘西番莲
纹，口沿饰粉绿如意云头纹。

八宝西番莲纹鸟食罐

Birdseed Jar with Eight Buddhist Emblems and
Interlocking Lotus Spray Designs

18世纪晚期，乾隆
铜
长7、高4.8、厚3.7厘米
香港中文大学文物馆藏
庄贵仑先生惠赠

罐体白地珐琅釉上绘西番莲纹和八宝纹，口沿饰粉蓝如
意云头纹。罐体小巧精致。

缠枝西番莲纹盒
Box with Interlocking Lotus Sprays

18世纪晚期至19世纪早期，乾隆/嘉庆
铜
高4、宽6.9×6厘米
香港中文大学文物馆藏
承训堂惠赠

盒身宝蓝色珐琅地上饰有缠枝西番莲纹和香橼、桃实、石榴、葡萄等瓜果。宝蓝地花果纹广珐琅自18世纪中晚期开始出现，盛行于19世纪。

卷草菊花纹线圈（2件）
Coils with Floral Scrolls and Chrysanthemum Patterns

18世纪晚期，乾隆
铜
高6.8、直径2.6厘米
香港中文大学文物馆藏
庄贵仑先生惠赠

线圈以白色珐琅为地，其上绘卷草纹和菊花纹。可能为绕线棒。

八宝西番莲纹连盘瓶

Vase and Saucers with Eight Buddhist Emblems and
Interlocking Lotus Spray Designs

19世纪
铜
通高10.3厘米
瓶：口径2厘米
盘：口径12、足径6.8厘米
香港中文大学文物馆藏
承训堂惠赠

盘和瓶组合，蓝色珐琅地上绘西番莲
纹，盘心和瓶身绘八宝纹和蕉叶纹。

第三部分

无问东西
——广珐琅的市场

早期广珐琅主要消费对象是欧洲及本土精英阶层。清中期，伴随广州外贸的发展，广珐琅在奉旨承制宫廷器用的同时外销欧洲及亚洲地区。18世纪下半叶，欧洲、清廷成为广珐琅两大市场，亦有产品销往中东、印度等地。至18世纪晚期，清宫广珐琅需求锐减，港脚贸易勃兴，市场需求更为多样，工匠、作坊或商家转而创建自有品牌，书署作坊、工匠名款的广珐琅开始出现。19世纪上半叶，随着暹罗、越南阮氏王朝鼎新，广珐琅开始于两地皇室及社会上层流行。此时清宫及欧美市场需求逐渐萎缩，宜于量化生产的广彩兴起。为适应不同消费群体的文化审美和功能需求，销往不同市场的广珐琅在器物造型、纹样设计、用色搭配等方面差异显著。

粤地呈贡

康熙、雍正时期至乾隆早期，宫廷所需金属胎画珐琅主要由造办处珐琅作承办，虽然已有广珐琅制品进宫，但因其款式质量与"内廷恭造之式"不符而不受青睐。直至乾隆二十年前后，圆明园及热河需要大批日用及赏赐之物，造办处珐琅作工匠不敷应对，继而开始传做及随年节呈贡。乾隆时期是供御广珐琅生产的鼎盛期，区分御用和赏用的品质要求。乾隆五十年之后传做画珐琅的数量锐减，嘉庆、道光之后逐渐趋向没落。粤海关呈贡的广珐琅除受命仿制传统宫廷样式之外，还兼有西洋风格的画珐琅及新创烧的透明珐琅。

复刻仿制

自乾隆三年（1738年）始至乾隆五十二年（1787年），乾隆皇帝整理康熙、雍正及当朝画珐琅器，配匣存于乾清宫和宁寿宫，建立了皇家最重要的两批画珐琅收藏。乾隆四十年至五十年间，屡见特传粤海关复刻和仿制原藏乾清宫及承德避暑山庄的康、雍朝金属胎画珐琅器，除完全依原样复制外，亦有变化花样、大小、形制的仿制之作，这些珐琅器多入藏宁寿宫及乾清宫。因乾隆皇帝明确下旨粤海关不得将复刻款式外流，故而罕见同类无款器于宫廷外流传。

团花纹盖碗
Covered Bowl with Floral Roundels

约1775～1786年，乾隆
铜
通高8.1厘米
盖：高3.4、口径10.2、足径3.5厘米
碗：高5.8、口径11、足径4.8厘米
香港中文大学文物馆藏
庄贵仑先生惠赠

盖碗呈六曲状，于白色珐琅地上满绘团花纹。团花又称皮球花，由大小、颜色、形状不一或具象或抽象的近圆形花卉和图案灵活组合而成，团花设计讲究对称。据内务府档案记载，乾隆四十七年（1782年）传旨粤海关进献的广珐琅器有按样品仿制的要求，"照此珐琅器花纹样款，每逢贡内烧造几对呈进"，推测即为此类团花纹器。

团花纹茶船

Boat-shaped Tea Saucer with Floral Roundels

18世纪下半叶，乾隆
铜
高4.5、口径8.5×7.7、足径5.5×9.3厘米
香港中文大学文物馆藏
庄贵仑先生惠赠

茶船又名茶托，为置茶盏的承盘，通常
与茶杯配合使用，材质多样。本件为铜
胎画珐琅茶船，通体白色珐琅地上绘彩
色团花纹。

团花纹茶船

Boat-shaped Tea Saucer with Floral Roundels

18世纪下半叶，乾隆
铜
高4.8、长15.7、宽9.2、足径5.1厘米
香港中文大学文物馆藏
庄贵仑先生惠赠

茶船呈元宝形，中心皮球花纹外是一
周连续的三叶纹，茶托外壁为卷曲藤
蔓，圈足为一周璎珞纹。条带状的三
叶纹、璎珞纹在乾隆晚期广珐琅器上
较为流行。

团花纹盒
Box with Floral Roundels

约1775～1786年，乾隆
铜
高3.2、口径6.4、足径3.5厘米
怀海堂藏

盒呈圆形，盒身及盖外壁在白色珐琅地
上绘彩色团花纹，盒内壁施松石绿珐琅
釉。小巧精致，颜色丰富。

盘呈四曲状，白色珐琅地上绘圆形花卉组合，大小不一、色彩缤纷，随意分布却风格相近，活泼灵动。此类团花纹在瓷器上称为皮球花纹。皮球花纹最早源于日本，康熙时期逐渐开始应用于瓷器上，成为清代瓷器装饰中的一种独特纹饰。

团花纹四曲盘

Quatrefoil-shaped Plate with Floral
Roundels

约1775～1786年，乾隆
铜
高1、长16、宽13.5厘米
怀海堂藏

年节例传

清代每逢年节，宫中按例传做、地方循规进贡应景之物，年年相袭。虽不乏创新求异，但总有一些款样相沿成习。比如端阳节、中秋节、万寿节、年节各预备活计呈进，年节用三阳开泰，上元节用五谷丰登，端午节用艾叶灵符，七夕用鹊桥仙渡，万寿节用万寿无疆，中秋节用丹桂飘香，九月九用重阳菊花，寻常赏花用万花献瑞等等。

艾叶灵符纹菱花式盒
Foliate-rim Box with Artemisia and Five Venoms
Designs

18世纪晚期，乾隆
铜
高2.5、径8厘米
香港中文大学文物馆藏
庄贵仑先生惠赠

盒以粉色珐琅为地，上绘艾叶及花卉纹。盒盖上对称装饰五个几何色块，其间布满蜈蚣、蛇、蟾蜍、蝎子、蜘蛛等五毒图，器身饰以艾叶、莲花、桃实、菱角、藕节等植物图案。清宫造办处档案记载，乾隆四年（1739年）五月传做五毒吊挂，其中"铜胎珐琅做一、二对"。此后经年，端午五毒吊挂制作相袭成例，这些年节传做物多不限材质，惟装饰题材寓意相同。

万花献瑞图盒

Box with the Millefleurs Design
Signifying Good Fortune

18世纪中期，乾隆
铜
高3.5、口径5.8、足径3.2厘米
怀海堂藏

盒盖及盒身表面布满牡丹、月季、菊
花、石竹、水仙、牵牛花等花卉，密不
透地。盒底蓝色珐琅楷书"乾隆年制"
款。百花图案源于欧洲，康熙年间宫廷
珐琅作已有模仿。乾隆年间初称"百花
献瑞"，乾隆八年后称"万花献瑞"，
多见于传做洋彩瓷器。

折枝花纹"万寿无疆"盘（2件）

Pair of Plates with Floral Sprays and Characters
for Longevity

18世纪中期，乾隆
铜
高3、口径13.6、足径8.6厘米
怀海堂藏

黄色珐琅地上彩绘折枝花卉纹，盘心篆书团寿字及
四个纹饰带，内书"万""寿""无""疆"，盘
沿饰回字纹。盘外壁白地上饰折枝花卉纹、莲瓣纹
及"万寿无疆"四字，中心篆书"大清乾隆年制"
方章款。万寿器在雍正时期已制作使用。此盘为乾
隆皇帝万寿节订制的万寿盘，皇帝的诞辰日称为万
寿节，取万寿无疆之意。

"福寿康宁"八吉祥纹如意

Ruyi with Buddhist Emblems and Auspicious Characters

18世纪晚期，乾隆
铜
高5.7、长39.1、宽11.6厘米
承训堂藏

如意表面在松石色珐琅地上满饰缠枝西番莲纹。如意头中心为蓝色团寿，长柄表面篆书福寿康宁四字，间饰八宝装饰图案。柄端两面均饰以桃实、佛手、红色蝙蝠，背面楷书署"乾隆年制"款。如意是万寿节进献的常见寿礼，本品应为万寿节特制。

牡丹花纹盘
Plate with Peony Designs

18世纪晚期，乾隆
铜
高3.8、口径19.9、足径12.7厘米
香港中文大学文物馆藏

盘外壁暗红色地上对称装饰牡丹花，盘内施湖蓝色珐琅釉，盘底蓝彩署
"大清乾隆年制"款。暗红珐琅地上饰以缠枝花卉的装饰方式始于康熙年
间，雍正时期瓷胎画珐琅也有类似纹样，可知官样在不同材质、不同供御
品制作地之间的共用现象。

牡丹花纹盘、碗

Plate and Bowl with Peony Designs

18世纪晚期，乾隆

铜

盘：高3.6、口径21.1、足径13.3厘米

碗：高5.8、口径15.3、足径6厘米

怀海堂藏

盘、碗外壁皆在暗红色地上装饰对称的四片缠枝牡丹纹，器内施湖蓝色珐琅釉，器底蓝彩署"大清乾隆年制"款。

缠枝西番莲纹杯碟

Cup and Saucer with Interlocking Lotus Sprays Designs

18世纪下半叶，乾隆
铜
通高5.1厘米
杯：高4.5、口径5.5、足径2.7厘米
碟：高0.8、口径12、足径8.7厘米
香港中文大学文物馆藏
庄贵仑先生惠赠

杯碟以蓝色珐琅为地，口沿饰金边，器身以缠枝西番莲为主题装饰。碟底红彩署"乾隆年制"款。此类金属胎画珐琅是模仿景泰蓝的作品，应为乾隆朝的创新品种。传世器物多见乾隆、嘉庆年款，无款者多存于两岸故宫，可见为官样器。广州制作的仿掐丝珐琅的画珐琅产品的制作时间主要集中在传做器物较多的乾隆二十年（1755年）后。

缠枝西番莲纹盘

Rectangular Tray with Interlocking Lotus Sprays Designs

18世纪下半叶，乾隆
铜
高2.7、宽26.8厘米
香港中文大学文物馆藏
庄贵仑先生惠赠

方形盘，盘以蓝色珐琅为地，纹饰以金线勾边，这种描金工艺是对掐丝珐琅器的模仿。盘底红彩署"大清乾隆年制"款。

缠枝西番莲拐子龙纹四曲盘

Lobed Tray with Interlocking Lotus Sprays and
Simplified Dragon Designs

18世纪下半叶，乾隆
铜
高1.4、宽18.1厘米
香港中文大学文物馆藏
庄贵仑先生惠赠

盘为海棠形，以蓝色珐琅为地，上饰缠枝西番莲纹和拐子龙纹，纹饰以金
线勾边，模仿掐丝珐琅工艺中焊接于胎体用以分割色块的金属丝或金属片
所呈现的视觉效果，为乾隆时期模仿景泰蓝的产品。盘底红彩署"乾隆年
制"款。

缠枝西番莲蕉叶纹觚

Beaker Vase with Interlocking Lotus Sprays and
Banana Leaf Panel Designs

18世纪下半叶，乾隆
铜
高14.8、口径6.7×6.7、足5.2×5.2厘米
香港中文大学文物馆藏
庄贵仑先生惠赠

通体蓝色珐琅地上饰西番莲纹和蕉叶
纹，器边沿描金。此件为仿古青铜器
造型。

两碗均于白色珐琅地上绘雉鸟、太湖石、牡丹、梅花和飞蝶，寓意长治久安、花开富贵。碗心绘月季、雏菊、飞蝶和柿子。碗底香橼与蝙蝠共同构成广珐琅标志性花款，口沿和足部描金卷叶纹装饰为典型的广珐琅风格。

花蝶雉鸟寿石图碗（2件）

Pair of Bowls with Flower, Butterfly, Pheasant, and Rock Designs

18世纪中期，乾隆
铜
高7.6、口径16.4、足径6.8厘米
香港中文大学文物馆藏
庄贵仑先生惠赠

玲珑珍赏

宫中奇巧珍玩不胜枚举，既可配挂实用，亦可陈之雅室赏心悦目，还可收纳于百什件、琳琅匣中随时赏玩。从传世宫廷定制广珐琅中不仅可以看到皇家品味和需求，亦可见广东装饰风格于乾隆中期开始为宫廷所广泛接受。

人物故事图鼻烟壶
Snuff Bottle with Chinese Characters

19世纪末至20世纪初
铜
高5.2、宽4.2厘米
香港中文大学文物馆藏
许建勋先生惠赠

鼻烟壶呈扁圆形，椭圆形圈足，器身绘有中式人物场景图。

海棠式烟碟
Four-lobed Snuff Saucer with Poppy Designs

18世纪中期，乾隆
铜
长4.7、宽4.1、足2.6×1.9厘米
香港中文大学文物馆藏
庄贵仑先生惠赠

烟碟为海棠形，以白色珐琅为地，碟内绘罂粟花数枝，碟底饰四朵缠枝五瓣花。罂粟花为清代早期百花图卷描绘的花品之一。珐琅中的秋叶形、海棠形是清宫较为流行的样式，多用于笔掭等文房雅器，常与其他文玩小件收纳于木匣中。碟底绘"乾隆年制"款署。

秋叶式烟碟
Leaf-shaped Snuff Saucer with Flower and Longicorn
Designs

18世纪中期，乾隆
铜
长7.9、宽5厘米
香港中文大学文物馆藏
庄贵仑先生惠赠

烟碟呈葡萄叶形，叶尖施渐变黄色珐琅，模仿秋叶经霜
渐渐枯黄的状态。双面中线留白形似叶梗，叶梗两侧以
墨绿珐琅色绘叶脉。叶表饰有红色小花和蓝色白点天
牛。碟底绘"乾隆年制"款署。色彩华丽，装饰生动，
造型精致。

缠枝西番莲纹盖罐（2件）
Pair of Covered Jar with Interlocking Lotus Spray Designs

18世纪下半叶，乾隆
铜
高5.8、口径2.2、足径2.4厘米
香港中文大学文物馆藏
庄贵仑先生惠赠

通体黄色珐琅地上绘多色花卉。小罐口沿及足处饰如意云
头纹、莲瓣纹一周。黄地缠枝花卉图案始于康熙、雍正年
间，乾隆时期更为多见，明黄珐琅地成为皇家画珐琅的标
志色。此类小罐精致小巧，或与笔掭等小件文房清玩一同
收纳于楠木匣或百什件中随身携带赏玩。

花果昆虫纹水丞

Water Container with Flower, Fruit, and
Insect Designs

乾隆丙午，1786年
铜
高5.8、宽7.7、足径5.2厘米
香港中文大学文物馆藏
庄贵仑先生惠赠

器身以草绿色珐琅为地，器表饰以花蝶、果实、藤蔓等主题纹饰，间饰密
集黑色点。口沿饰一圈回字纹，腹顶与足边以如意花头为饰。器底楷书
"乾隆丙午年制"三行双栏方章款。署带具体年份帝王款的广珐琅器仅此
一例，民间同治款金属胎画珐琅偶见带具体年份者。

五瓣梅花式盘，盘心饰团花，每枚花瓣
上饰勾连卷叶形开光，内饰西番莲及果
实。盘底为五朵缠枝西番莲。梅花纹及
梅花形器在康熙时期已流行。

开光西番莲纹梅花式盘

Five-lobed Plate with Lotus Designs in
Framed Panels

18世纪晚期，乾隆
铜
口径12、足径8.3厘米
香港中文大学文物馆藏
庄贵仑先生惠赠

蝙蝠纹碗（2件）

Pair of Bowls with Bar Designs

道光
铜
高5.7、口径11.5、足径5.2厘米
香港中文大学文物馆藏
庄贵仑先生惠赠

器外壁白色珐琅地上饰飞舞的红色蝙蝠。蝙蝠是康熙、雍正时期瓷器流行的装饰纹样，或单独装饰，也与流云、桃实、灵芝等组合装饰。红与洪、蝠与福谐音，乾隆时期出现器身布满红色蝙蝠装饰的器物，寓意洪福齐天。嘉庆、道光时期及之后更为流行。

远渡重洋

　　广珐琅因其中西兼备的艺术特点和雅俗共赏的精湛品质，不仅呈贡宫廷，更远销海外，足迹涉及欧洲、东南亚及伊斯兰世界。18世纪上半叶，广珐琅的海外市场主要是欧洲上层社会。广州"一口通商"以后，又开拓了印度等新兴市场。19世纪后，广珐琅受到暹罗皇室和越南阮氏王朝的喜爱，越南阮氏王朝明命帝更在皇宫附近创建皇家御作坊制作画珐琅。针对不同市场的需求，广珐琅在装饰图案及功能造型等方面均有适当调适，销往欧洲的烛台、带有加热炉的茶壶茶盘是适用于西方生活的设计；销往泰国的器具以饰有宗教特色的槟榔器具为主；销往印度等地的广珐琅则符合伊斯兰文化的特点。

欧洲市场

早期外销广珐琅的市场主要是欧洲，造型纹饰模仿当地流行的景德镇外销瓷。广州制作外销广珐琅的时间不晚于雍正六年（1728年），为英国东印度公司采购的一套茶具。外销欧洲的广珐琅的造型纹饰显示其与欧洲银器关系密切，主要有大圆盘和长方盘、吊灯、烛台、壁饰、茶壶等器型。欧洲常以画珐琅片作为钟表、鼻烟盒、家具表面嵌件，亦催生了大小广珐琅片的制作，不仅用以满足欧洲市场需求，亦成为粤产钟表及清宫陈设上的装饰嵌件。就装饰题材而言，销往欧洲的广珐琅除少量来样加工外，绝大部分为中国传统装饰语言，以凸显其来自东方迷人国度的异域风情，迎合此时的"中国风"。

描金冰梅纹杯

Gold-traced Cup with Ice-crackled Plum Patterns

18世纪末，乾隆/嘉庆
铜
口径5.1、足径2.7、高4.5厘米
香港中文大学文物馆藏
庄贵仑先生惠赠

器表于宝蓝色珐琅地上饰冰梅纹，杯沿及冰裂纹描金装饰。

冰梅纹杯碟
Cup and Saucer with Ice-crackled Plum Patterns

18世纪末至19世纪初，嘉庆
铜
通高5.2厘米
杯：高4.9、口径5.6、足径2.8厘米
碟：高1.9、口径11.9、足径8.6厘米
香港中文大学文物馆藏
庄贵仑先生惠赠

器表于宝蓝色珐琅地上饰冰梅纹。此类杯碟多为咖啡饮具。盘底书"嘉庆
年制"楷书款。冰梅纹在瓷器、画珐琅及掐丝珐琅都可见，沿用时间较
长，不限于外销、御用。19世纪后冰梅纹多与竹枝搭配。

西式早餐具一组，为典型外销广珐琅器具。器表均在宝蓝色珐琅地上饰冰梅纹，盖碗常用来盛装食用糖，椭圆盖盒连碟盛装黄油，带碟小杯置放鸡蛋，桶形篮用于盛放取用糖、黄油的小勺、小叉等用具。冰梅纹广泛运用于瓷器、画珐琅及掐丝珐琅器上。

冰梅纹早餐具一组

Breakfast Set with Ice-crackled Plum Patterns

18世纪下半叶至19世纪初期，乾隆/嘉庆
铜
杯碟通高7.4 厘米
杯：高6.8 、口径5、足径4.5厘米
碟：高1.6、口径15.7、足径12厘米
提篮：通高8、口径13.7、足径10.4厘米
黄油盖盒带碟通高7厘米
盒：高4、长12.2、宽8.9厘米
碟：高1.8、长16.1、宽13.8厘米
盖碗：通高11、口径12、足径6.3厘米
香港中文大学文物馆藏
钟棋伟先生惠赠

开光西洋人物图盖碗连碟（2件）

Pair of Covered Bowls and Saucers with Western Myths
in Framed Panels

18世纪中期，乾隆
铜
通高14厘米
碗：高7.6、口径12.6、足径5.9厘米
盖：高6、口径13.6厘米
碟：高3.1、口径14.4、足径9.5厘米
香港中文大学文物馆藏
庄贵仑先生惠赠

盖碗及托碟的纹饰精致，色彩亮丽多样。碗身有三个开光，
描绘三个西洋神话场景。其中一件碗盖开光内绘有西洋牧羊
图，另一件碗盖满饰缠枝花卉纹。盖碗连碟采用欧洲画珐琅
的点画法、明暗法和透视法等西洋绘画技法来描绘人物和场
景。此类带钮盖碗为当时欧洲流行的汤碗，也用于饮茶，常
配以托碟使用。

开光西洋人物图碗碟（2件）
Pair of Covered Bowls and Saucers with
Westerners in Framed Panels

18世纪中期，乾隆
铜
通高 6.3厘米
碗：高5.4、口径9.8、足径5厘米
碟：高3.2、口径14.6、足径9.4厘米
香港中文大学文物馆藏
庄贵仑先生惠赠

碗身满绘缠枝花卉，中间两个开光内绘西洋人
物图，其中一则绘有西洋男子单膝跪地向中
间牧羊女求爱，这类图式为18世纪欧洲盛行的
"雅宴"游乐图（fête galante），多为描绘贵族
男女以娴雅姿态在诗情画意的田园风光中进行
游乐活动。此类大碗和深碟常为18世纪欧洲饮
茶的茶碗。

盘心绘四组人物，左侧仕女一持团扇、一持笛或箫，团窗中二女子相对观画或弈棋，右侧二女子临窗凭案坐于绣墩持书课子，前方居中二童子戏犬，呈现一派妇贤嗣旺、和谐欢乐的家居图景。地上如意、长戟寓意吉祥如意。画中簪花仕女均为削肩纤体，瓜子脸、柳叶眉、长细目、樱桃嘴，反映晚明以来仕女图的审美意趣。此类大盘造型源于银器，是成套茶具组件之一。

庭院妇孺图长方茶盘

Rectangular Tray with a Picture of Ladies and Children in a Garden

18世纪中期，乾隆
铜
高3.5、长91.5、宽52.5厘米
香港中文大学文物馆藏
钟棋伟先生惠赠

双头鹰纹茶叶罐（2件）

Tea Caddies with the Double-head Eagle Design

18世纪晚期，乾隆
铜
大：高25、宽13.3、厚8.4、足10.6×5.3厘米
小：高22、宽12.2、厚7.3、足10×6.2厘米
香港中文大学文物馆藏
庄贵仑先生惠赠

罐身双面饰双头鹰，侧面开光饰折枝月季及秋葵、萱草和飞蝶。罐身以红、蓝或黑色描金绘没骨缠枝卷草纹。皇冠形盖的下沿为菱形间椭圆锁链形边饰，是雍正十三年后外销瓷上的流行纹样。18世纪晚期开始随着宫廷传做广珐琅锐减，外销瓷对广珐琅的影响再次显现。戴皇冠或持权杖的双头鹰是俄罗斯皇室的标志，普遍装饰于17世纪克里姆林宫御作坊出品的金银器和丝织品上，本品应是销往俄罗斯市场。

锦地开光折枝花卉纹长方盒

Rectangular Tea Caddy with Floral Sprays in
Framed Panels on Brocade Backgrounds

18世纪中期，乾隆
铜
高8、长11.4、宽7.7厘米
香港中文大学文物馆藏
钟棋伟先生惠赠

长方盒器表饰以如意云头、折枝花卉、多色缠枝卷草、四方锦地和开光花
卉，均为广珐琅早期纹样的延续，不少可在外销瓷上找到源头。盒底中心
蓝色没骨折枝花卉与1745年瑞典国王腓特烈一世定制的纹章广珐琅茶叶盒
上的花卉相同。

折枝花卉蔬果纹提梁壶连兽足炉

Swing-handled Kettle with Flower, Vegetable, and
Fruit Sprays and with a Beast-footed Heater

18世纪中期，乾隆
铜
通高34厘米
壶：高25、宽23.7、足径7.7厘米
炉：高9.5、宽13.2厘米
香港中文大学文物馆藏

此器由提梁圆腹壶、炉座和支架组成，此类圆鼓腹造型仿自
欧洲银壶，多为煮水泡茶之用。随着茶叶在欧洲的流行，茶
具的需求日益增加，此类茶壶也随之盛行。乾隆四年（1739
年）清宫造办处珐琅作仿西洋银壶制作了镶嵌温都里那石的
珐琅壶一对，配铜镀金架子，现藏于故宫博物院。

《西厢记》故事图茶壶、加热器、座
Kettle, Heater, and Stand with the Story of *Romance of the Western Chamber*

18世纪晚期，乾隆
铜
通高33.8厘米
壶：高25.1、宽12.3、足径7.6厘米
座：高10.1、宽14厘米
香港中文大学文物馆藏
庄贵仑先生惠赠

茶壶主题纹饰来源于《西厢记》故事中的长亭送别场景，壶身绘有崔莺莺与张生携手惜别，侍女红娘奉酒侧立，背面有童子牵马和老者席地而坐等待等场景。《西厢记》故事题材是明清瓷器流行的装饰主题纹样之一，受到海内外市场的认可和喜爱。

四曲山水图茶壶
Lobed Kettle with Landscapes Designs

18世纪晚期，乾隆
铜
高17.3、宽23.6、足径9.5×8.4厘米
香港中文大学文物馆藏
钟棋伟先生惠赠

壶身呈四曲形，四面长方形开光内绘山
水、泛舟、访友等图景。开光间饰缠枝
莲纹及小多曲开光。壶底为红色小花。
壶流、颈和提梁部位饰以蓝、红、黑色
描金卷草纹。壶流底部饰兽首。

描金花卉纹菱花式盖杯
Gold-traced and Foliate-rimed Covered Cup with Floral Patterns

18世纪中期，乾隆
铜
通高9.2厘米
盖：高2.8、口径8.4、足径3厘米
杯：高7、口径9.2、足径4.1厘米
香港中文大学文物馆藏
庄贵仑先生惠赠

盖和杯呈菱花造型，器身白色珐琅地上以褐彩单色双勾图案轮廓。盖顶描金梅花，并饰矛尖纹一周。盖内及杯足描金兰花。杯身各面饰西番莲，棱处绘璎珞图案。这类装饰较为少见，或是来自欧洲的纹样，流行时间不长。

花卉纹双耳盖碗
Covered Bowl with Floral Patterns and
Two Handles

18世纪上半叶，雍正/乾隆
铜
通高14.6、宽22.8、口径16.3、足径8.2厘米
香港中文大学文物馆藏

花瓣式开光内饰折枝花卉纹，器身开光内及盖上有黑地
描金装饰，双耳杯造型仿自17世纪下半叶至18世纪初法
国利摩日金属胎画珐琅，康熙朝景德镇外销瓷有仿制，
但少见于珐琅器。

银胎画珐琅花蝶纹贝壳式鼻烟盒

Shell-shaped Snuff Box with Flower and Butterfly Designs

18世纪中晚期，乾隆
银
高3.4、长7.9、宽6.4厘米
香港中文大学文物馆藏
承训堂惠赠

银胎，鼻烟盒为贝壳形，盒表面绘贝壳纹理，装饰萱草、月季、勿忘我。盒内绘藤瓜、月季、飞蝶和蜀葵。贝壳形是欧洲18世纪洛可可艺术装饰图案，多见于18世纪中叶中国外销瓷上。此类鼻烟盒是受欧洲影响而出现的器形。

铜胎画珐琅花蝶纹贝壳式鼻烟盒

Shell-shaped Snuff Box with Flower and Butterfly Designs

18世纪中晚期，乾隆
铜
高3.1、长7.3、宽6.1厘米
香港中文大学文物馆藏
钟棋伟先生惠赠

铜胎，鼻烟盒为贝壳形，盒表面饰贝壳纹理，其上绘饰花蝶纹，盖内绘有花果蝴蝶图。

烛台呈三角形，底座上立三螭托珠，珠中空簪插着一朵盛开的叠瓣莲花，用于承托蜡烛。支架表面施红、蓝螭纹和红色缠枝卷草纹。此类烛台一般放置在桌面照明使用。

三螭托莲式烛台

Candlestick in the Form of Three
Dragons Supporting Lotus

18世纪中晚期，乾隆
铜
高21.7、长19.6、宽19.2厘米
香港中文大学文物馆藏
庄贵仑先生惠赠

亚洲市场

广州"一口通商"以后，广珐琅开始销往印度等亚洲市场。18世纪晚期繁荣的港脚贸易促进了广东与东南亚的交通，19世纪后，广珐琅受到暹罗皇室和越南阮氏王朝的喜爱。曼谷皇室曾于广州订制大量釉上彩瓷Bencharong及 Lai Nam Thong，表面装饰围绕热带植物的佛教和印度教神像，极具本土文化特色，类似的器形、纹饰亦见于广珐琅。越南阮氏王朝明命帝除从广州购置广珐琅外，更创建皇家御作坊，生产与中国风格接近的金属胎画珐琅。泰国国家博物馆和越南顺化宫廷文物博物馆都收藏有广珐琅，这些收藏展示了19世纪广珐琅的特色。

花卉纹八方盘、盒

Octagonal Plate and Box with Floral Patterns in
Framed Panels

18世纪晚期至19世纪早期，乾隆/嘉庆
铜
通高 9 厘米
盒：高8.1、长13.7、宽10.8 厘米
盘：高1.3、长28.6、宽 23.1厘米
香港中文大学文物馆藏

盘、盒呈八边形，表面饰对称几何开光，绘花卉图案，开光间饰黑色描金缠枝卷草纹，其中点缀蓝菊，以上均为广珐琅常见纹饰。此类造型常见于印度17至18世纪细密画。此套盘盒推测用作盛装槟榔，流行于印度。嚼食槟榔是东南亚及南亚地区的习俗，槟榔器的材质、造型和组合因使用者的地位不同而有差异，金、银、玉、黄铜质器具均为尊者所用。

花卉纹镂空碗

Openwork Bowl with Floral Patterns

18世纪晚期至19世纪上半叶，乾隆/嘉庆
铜
高9、口径19、足径8.3厘米
香港中文大学文物馆藏

碗身间饰龛形及水滴形开光，内饰镂空花卉纹，局部描
金。开光外绘缠枝西番莲纹。口沿处饰胭脂红白地缠枝
一周，足部饰白地蓝色缠枝一周。印度有镂空雕花玉
碗、玉盒之例，内里配银碗。本品可能为外销印度市场
而制作，或为香薰用具。

花卉纹执壶
Ewer with Floral Patterns

18世纪下半叶，乾隆
铜
高31.2、宽23.1、足11×9厘米
香港中文大学文物馆藏

银盖，口沿、足、柄和流均饰缠枝花卉
纹，局部点缀蓝色或胭脂红缠枝。壶腹
两侧心形开光微凸，内饰黄地西番莲
纹，外饰月季、芙蓉，上下各饰莲瓣纹
一周。壶颈饰黄地西番莲纹和蕉叶纹。
此类造型和装饰为典型伊斯兰风格，可
能用作净手器。

盒盖黄地珐琅上绘荷花野鸭图，盒身
外壁蓝色珐琅地上绘八宝，盒沿描金
装饰。

荷花纹文具盒

Pencil-box with Lotus Designs

18世纪晚期，乾隆
铜
长20.7、宽7、高4厘米
香港中文大学文物馆藏
庄贵仑先生惠赠

壶身及盖均于黄、绿、蓝三色地上绘锦纹，开光内蓝色珐琅釉上绘有折枝花卉、蝙蝠、如意、葫芦、珊瑚等中式纹样，长流末端作兽吞设计，皆为中国传统装饰图案。壶底署蓝色珐琅楷书"明命年造"款，明命是阮朝圣祖皇帝阮福晈（1791～1841年）的年号。本件应是阮朝本地工匠的早期作品。

锦地开光花卉纹提梁壶

Swing-handled Pot with Floral Patterns in
Framed Panels on Brocade Backgrounds

越南阮朝，明命（1820～1841年）
铜
通高11、宽14.4、口径10.1、足径6.4厘米
香港中文大学文物馆藏

束花纹盖杯

Covered Cup with Bouquet Design

越南阮朝，明命（1820～1841年）
铜
通高11.3、宽10.8厘米
盖：高3.6、径7.8厘米
杯：高8.3、口径7.9、足径6.5厘米
香港中文大学文物馆藏

杯盖、杯体表面于白色珐琅地上各装
饰三束系飘带的玫瑰花。杯盖钮为银
质并蒂松果。杯把表面饰以碎花及樱桃
果实。杯底署红色珐琅楷书款"明命年
造"。此类盖杯造型源自欧洲银器，系
飘带的束花是18世纪后半叶欧洲瓷器流
行的装饰图案。

缠枝西番莲纹甜瓜式盒

Melon-shaped Box with Interlocking Sprays
and Lotus Designs

18世纪下半叶，乾隆/嘉庆
铜
高9.7、长16.3、宽10厘米
香港中文大学文物馆藏
庄贵仑先生惠赠

盒呈甜瓜状，盒盖和身两端各装饰半朵
西番莲，扣合后成为完整的一朵。盒身
瓜棱间装饰缠枝西番莲纹。盖内没骨花
卉是18世纪广珐琅的常见图案。此类器
形或源自日本漆器，曾为清代金漆及印
度金属器所效仿，广东依据来样制成广
珐琅器销往印度市场。

建立品牌

除了宫廷及外销市场之外，广珐琅亦有供应国内市场之作。18世纪末开始，带作坊或商号款识的器物出现，或为供旅华人士选购的特色工艺品。传世有一批带工匠、堂号或作坊名款的金属胎画珐琅，较多见的有"万延年/永制""彩华堂制"等署款。18世纪末，伴随宫廷需求的萎缩，工匠、作坊或商家转而创建自己的品牌。第一次鸦片战争后，广州贸易体制终结，清政府开放五口通商，洋商获得了更多的贸易便利。特别是第二次鸦片战争后，香港、澳门、广州、上海、北京成为洋人最集中的地方，商号在这些城市也最为繁盛。

八宝西番莲纹"福寿如意"碗（2件）

Bowl with the Lotuses and Eight Buddhist Emblems
Design and Auspicious Characters

18世纪晚期，乾隆
铜
口径14.7、足径6.7、高5.9厘米
香港中文大学文物馆藏
庄贵仑先生惠赠

盘外壁胭脂色地上绘八宝西番莲纹，绘
有"福寿如意"四字。碗沿描金。盘底
白地红彩双圈内书"彩华堂制"楷书
款。"彩华堂制"款器推测是由与官府
有某种联系的商家或作坊创立。

八宝西番莲纹"福寿如意"盘

Plate with the Lotuses and Eight Buddhist Emblems
Design and Auspicious Characters

18世纪晚期，乾隆
铜
高3.1、口径16.6、足径11厘米
香港中文大学文物馆藏
钟棋伟先生惠赠

盘壁胭脂色地绘八宝西番莲纹，盘口沿饰有描金如意纹，近圈足处为仰莲瓣及工字型几何纹各一周，盘内、外壁各绘"福寿如意"四字。盘底白地红彩双圈内书"彩华堂制"楷书款。"彩华堂制"器物应非粤海关承办器物，与乾隆款"万寿无疆"盘碗的形制和纹饰高度相似，或为粤海关承接宫中订单的作坊或者匠人转而自立品牌的作品。

松绿地八宝西番莲纹"千秋如意"碗

Bowl with the Lotuses and Eight Buddhist Emblems
Design and Auspicious Characters

18世纪晚期，乾隆
铜
高6.2、口径14.6、足径5.6厘米
香港中文大学文物馆藏
钟棋伟先生惠赠

碗心绘八宝团寿纹，碗外壁松石绿地开光内以红彩书"千秋如意"四字，间隔以八宝和葡萄藤蔓、折枝牡丹和月季等花果纹。底足红色双圈楷书"彩华堂制"。"彩华堂"为清乾隆时期的堂名，瓷器中也常见此款署名。

清供图菱花式盘

Foliate-rim Plate with a Picture of Pure Offerings

18世纪晚期，乾隆/嘉庆
铜
直径27.5、足径19、高4厘米
香港中文大学文物馆藏

盘呈四曲菱花式，盘心灰蓝地上饰有博古花瓶，内插牡
丹花枝、戟和磬，周围绘八宝图，描绘细腻，色彩柔
和。盘背施黄色珐琅釉，近口沿处绘蓝釉描金藤蔓和缠
枝纹，盘心蓝彩四字篆书"万延永制"。

金彩折枝花卉藤蔓果实纹碗
Bowl with Gold-traced Floral Spray, Vine, Fruit, and
Inset Designs

18世纪末至19世纪初，乾隆/嘉庆
铜
高11、口径21.9、足径11.3厘米
香港中文大学文物藏

碗身蓝色珐琅地上装饰藤蔓葡萄、月季、瓜腾、花枝，
点缀水仙与金龟子、蝴蝶与小花、蜻蜓与胡萝卜、灵芝
与蜜蜂四组植物昆虫。碗底蓝色珐琅篆书"万延季制"
款。碗内壁施白色珐琅釉。蓝色珐琅地上绘金彩的装饰
模仿掐丝珐琅器的掐金丝效果，或受乾隆时期景德镇霁
蓝釉金彩瓷器的影响。

"寿"字盘

Rectangular Tray with Characters
for Longevity

19世纪下半叶
铜
高1.7、长30、宽19厘米
香港中文大学文物藏

方形盘外沿饰莲瓣纹、团寿纹间长寿字纹各一周。盘心绘三组十个圆形开光，内绘房檐、树、花鸟、竹子
等图案。开光外五枚形状各异的印章纹上似篆书"人之子""贵心慈悲""君之""富贵""忠心父之
所"字样。盘底红彩书"粤东大新安和生造"款识。此"大新"应为《旧中国杂记》中所述邻近广州十三
行的商业街大新街。

后 记
Postscript

　　湖北省博物馆与香港中文大学文物馆一直保持着良好的合作，在展览交流、学术研讨、藏品保护及修复等方面都有较深入的交流。两馆的展览交流由来已久，自20世纪90年代以来，湖北省博物馆相继在香港中文大学文物馆举办"湖北出土战国秦汉漆器展""有凤来仪：湖北出土楚文化玉器"等文物展览。湖北省博物馆还曾分别于2009年、2018年引进香港中文大学文物馆"折衷古今：岭南三高画展""紫瓯清趣：香港中文大学文物馆藏宜兴紫砂展"。

　　此次"浮金流燦：香港中文大学文物馆藏广珐琅特展"是继书画、紫砂之后，我馆再一次引进展出香港中文大学文物馆的馆藏文物珍品。期待两馆今后继续在展览交流、藏品保护和修复等方面开展合作，以进一步加强内地与香港地区的文博机构之间的交流合作。

　　感谢香港中文大学文物馆同仁在本次展览筹备和展出过程中的支持和帮助。许晓东教授生前对清代金属胎画珐琅进行了翔实深入的研究，为展览的成功举办付出了巨大的心血，我们在此对许晓东教授表示深切的怀念。

编者
2024年5月于武昌